www.selfevent.com
www.hifun.co.kr

www.selfevent.com
www.hifun.co.kr

www.selfevent.com
www.hifun.co.kr

www.selfevent.com
www.hifun.co.kr

_____ 님께

이 책을 드립니다.

년   월   일

_____ 드림

머리말

현대는 끊임없는 자기개발로 자신의 몸값을 스스로 올리는 셀프-트레이닝 시대이다. 재래시장에 가면, 웃고 죽은 돼지가 5,000원 더 비싸다. 하물며 사람에게 유머감각이 있다면……

실제로 정치, 경제, 사회, 문화 등 모든 분야에서 성공하거나 뛰어난 업적을 남긴 사람들은 한결같이 유머감각이 풍부해 남을 잘 웃길 줄 알고 또 잘 웃을 줄 아는 사람들이었다. 그래서 유머는 '성공을 위한 필수'를 넘어 이젠 '생존을 위한 필수'가 되었다!
자기계발을 안 하는 사람과 무단 횡단하는 사람은 자살행위를 하고 있는 것이다.

사람은 '4 거리'가 있어야 한다. 일거리, 먹거리, 놀거리, 그리고 웃음거리이다. 필자는 오래 전부터 온 국민의 유머버전을 'Up-Grade' 하는 방법과 생활 속에 묻어있는 유머를 위해 노력해왔다. 이러한 욕구를 충족시킬 수 있는 [진짜유머]를 통해 결실을 맺게 되었다.
본문을 읽고 난 후, 고운님 또는 웃음이 필요한 사람에게 엽서로 보내거나 손에 쥐어 준다면 커다란 선물을 하는 것이다. 물론 엘리베이터 안이나 게시판 그리고 화장실에서도 여러 사람에게 웃음을 선물할 수 있다. 유머도 상품처럼 품질이 있다는 것을 느끼게 될 것이다.

[진짜유머]를 만든 이유는 다음 네 가지에 있다.
하나, 고운님과 웃음을 잃고 사는 사람들에게 웃음을 선물하기 위해.
두울, 우리나라에 있는 모든 엘리베이터 안과 같은 어정쩡한 공간문화를 바꾸기 위해.
세엣, 화장실 문 안에서의 자투리 시간을 금쪽 같은 시간으로 활용하기 위해.
네엣, 우리 집 문 안에서 웃음꽃으로 가정이 행복하고 건강을 되찾기 위해.
이 책의 구성은 유머 훈련 114개, O X 퀴즈 114개, 유머 퀴즈 114개, 개그맨 따라잡기 114개, 유머 본문 114개, 명언과 멘트 114개, 유머 엽서 114장을 실었다.

이 책은 기능성을 갖고 있는 책이기 때문에 [유머 엽서]로 사용하기 전, 자신의 유머 감각 향상을 위해 최소한 세 번 정도는 정독을 해야 한다. 그래야 커피에 프림이 사르르 녹아들 듯이 생활 유머를 구사할 수 있다. 한 번만 읽는다면 그냥 재미있는 잡지를 읽은 것 밖에는 안 된다.

이 책이 나오기까지 도움을 준 독수리 5형제(?)에게 감사드린다.

독수리 ① : 인터넷과 PC 통신에 올라온 각종 유머.

독수리 ② : 전국 대학교의 화장실과 낙후된 공중화장실의 벽면.

독수리 ③ : 지구촌을 떠돌다 지면을 빌어 태어난 온갖 유머와 명언.

독수리 ④ : 나에게 자신이 알고 있는 유머를 아끼지 않고 뱉어내고 검증해 준 이웃.

독수리 ⑤ : 나의 유머 마인드와 웬만큼 웃겨선 웃지 않는 나의 아내.

[진짜유머]를 대~한민국의 고운님과 유머치(?), 편리하게 오르락내리락 할 수 있는 엘리베이터, 고민을 해결해 주는 화장실 그리고 보금자리를 만들어 주는 당신의 집에 바친다.

이 책과의 만남은 작은 혁명이고, 우리 인생의 새로운 출발이다.

2007. 7. 7

전쟁에서 **승**리하여 **훈**장을 받은 **전 승 훈**

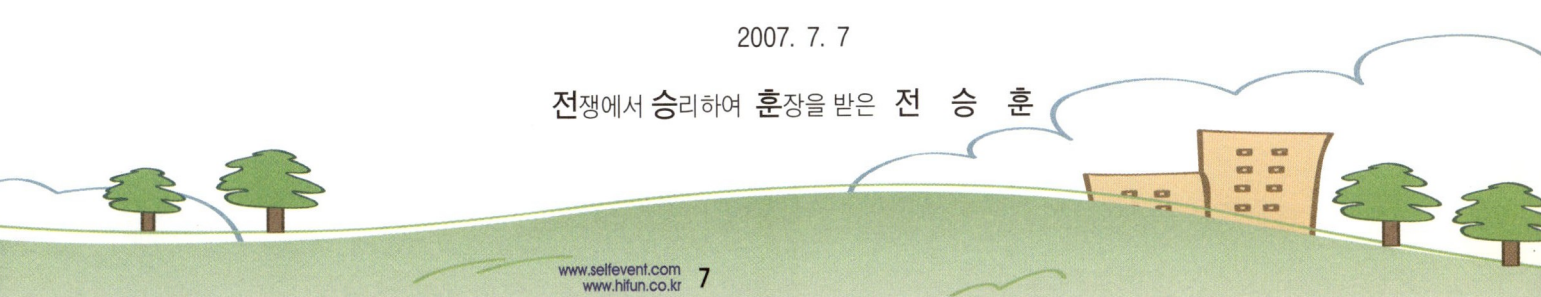

차례

19세와 20세의 차이	65
가로등 2개와 일꾼 1명	55
가장 억울하게 죽은 사람	193
가장 확실한 예언	91
감옥과 회사의 차이점	159
개 판	207
거 말 되네	149
거봐 내말이 맞잖아!	141
거스름 돈	29
거짓말 시리즈	19
거짓말이야!	67
건강한 치아 보존법	23
결혼이란?	49
경찰 불러	47
계산은 할머니가	233
고것이 알고 싶다	53
고장은 바로	41
공처가의 항변	111
과거와 현재	153
교도소로 간 아버지	161
군대에서 1	185
군대에서 2	225
그려, 열심히 혀	215
그 아버지에 그 아들	195
길 가다가 가려우면	87
꼬마의 아파트	51
낙서 릴레이	217
낙하산이 안 펴져요!!	95
너나 잘해	21
너무 비싸	85
너무합니다	131
누구세요	169
다이아몬드	125
단 거	219
담배가 몸에 좋다면	105
돈과 화장실과 그리고 4자성어	17
둘이 먹다가 하나가 죽어도 모른다	203
등대지기	113
땅콩주세요	197
때	223
럭키 세븐	201
마마, 들켰사옵니다!	177
머피도 놀란 징크스 10가지	75
멋진 첫날밤	33
몽땅 다 잡수?	189
무엇이 될까?	35
문제의 해결책	231
믿을 수가	59
밀레니엄 카	211
밀수	63
버스 안에서	237
벼룩시장	181
불면증	119
불임수술	123
사건 수임	155
생일 선물	229
선물의 의미	45
성경말씀	81
소리나는 대로	213
속았지롱	205

손을 씻는 이유	227	용호상박(龍虎相搏)	187	[창 밖을 보라] 한문 버전	101
송년 메시지	239	위기의 탈출	209	책임졌네!	89
술이 도둑	191	유치원 영어	83	초음파 검사	133
숫자학교 ①	77	육이오 표어	97	최선	157
숫자학교 ②	79	음주테스트	115	치료비	143
슈퍼맨 vs 배트맨	135	이름인 줄 알았지	173	투캅스	27
식후 세 알씩	25	이유 같지 않은 이유	69	하룻밤의 열정 때문에	31
신용카드	121	자리 양보	199	합체는 언제?	147
신혼여행	129	잘생긴 사람과 못생긴 사람	61	해군과 공군	171
싸우는 학생들을 본 학과별 교수들 반응	151	장래희망	57	해군 함장과 일병의 대결	127
아기도 힘들다	183	전철 안 4자성어	221	화장실의 10가지 감정	73
앙코르	39	정말 힘들다	43	화장실의 느낌차이	145
어떤 속보	99	좋은 것 같지만 써서는 안될 말	107	회화실력	71
어떤 이력서	165	죄와 벌	117	휘파람 불고 싶어요	13
어떻게 알았지?	167	주여! 내 기도에만	103		
언놈이여?	137	주한미군이 주둔하는 이유	179		
에덴동산이 한국에 있었다면	163	지짐이	93		
엘리베이터 안의 10가지 감정	15	지하철의 법칙	109		
엽기적인 표어	37	직업별 웃음소리	235		
영어 실력	139	차비	175		

뻔뻔(FUN FUN)해지는

명품특강

● **왜 명품특강인가?**
1. 개인 경쟁력 강화 "유머가 경쟁력이다!"
2. 비즈니스마인드 역량 강화 "유머있는 사람이 유리하다!"
3. Fun - Sales 기법 "재미있는 사람이 재미본다!"

● **명품특강 테마**
1. 파워유머 (2H) "유머를 통한 개인 경쟁력 강화"
2. 유머경영 (3H) "유머를 활용한 인간관계 개선"
3. 펀경영 (3H) "펀경영의 기법과 아이템"
4. 뻔뻔(Fun Fun)한 리더십 (4H) "펀경영과 스파트기법"

● **명품특강 문의**
1. Website : http://www.hifun.co.kr
2. Telephone : 011-282-5840, 02-2068-2355
3. E-mail : joke114@hanmail.net

진짜 유머! 2배로 즐기기!!!

[유머 훈련]은 유머 감각을 키우기 위한 두뇌 훈련과정이다. 성실하게 답하고 여러 사람과 대화를 나눈다면 어느덧 불쑥 자란 자신의 유머 감각을 느끼게 될 것이다.

[O X 퀴즈]는 생활 속의 궁금증을 풀어주거나 호기심을 자극할 수 있는 내용을 토대로 엮었다. 상식이 풍부해 지고 특히 시선집중을 위한 좋은 자료가 될 것이다.

[유머 퀴즈]는 일단 누구에게나 웃음을 선사한다. [유머 퀴즈]는 유머 감각을 키우기 위한 필수이고, 웃음으로 대화를 시작할 수 있고, 분위기 조성과 대화의 주도권을 잡는데 유용하게 사용될 것이다.

[개그맨 따라잡기]는 그야말로 독자들의 유머 감각을 개그맨 이상으로 향상시키기 위한 이론적인 접근과 데이터를 제공하는 코너다. 충분히 생각하면서 읽고 + 연습하고 자신의 유머 감각에 새긴다면 [프로보다 더 프로 같은 아마추어!]가 될 것이 분명하다.

[유머본문]

[유머 본문]은 각종 다양한 유머의 레퍼토리가 깔끔하게 정리되고, 필자의 정제과정을 거쳐 실려져 있다. 따라서 페이지마다 차례로 오려내도 무방하지만, 때와 장소 그리고 눈 높이에 맞춰 고운님에게 엽서를 띄우거나 웃음이 필요한 이웃 그리고 공공장소나 화장실에 게시한다면 금상첨화(錦上添花)가 될 것이다. 특히 세 번 정도 읽고 자신의 것으로 소화한다면 유머 감각을 키우는데 좋은 밑천이 되고, 적절한 찬스에 적시타(適時打)를 날릴 수 있게 된다. 특히 [유머 본문] 아래쪽의 [유머 퀴즈]는 엽서를 받는 이로 하여금 또 한 번 대화를 나눌 수 있도록 편집했다. 읽다보면 즐겁고, 좋은 시간을 가질 수 있을 것이다.

좋은 시간 되세요~!

 고운님 + 웃음이 필요한 이웃과 대화를 나눌 수 있는 기회를 제공한다.

POST CARD
우편엽서

To.

[유머엽서]는 고운입담과 유머가 딱 맞
창 사람에게 [유머본문]을 보내기 위한 우편엽
서로 사용할 수 있도록 편집했다.

그냥웃어서보다 더 이려 있고, 건강함 웃으는 두
건강상 경겨줄 수 있는 두 아라두어서 역장있을 기
대해 본다. 웃은 때마다 공응 장승이 그리고 웃음이
척 게시됐있거나 공응 장승으로 녹출 수 있었던 사람
에게 웃음을 선물해도 좋다.

[유머엽서]는 먼저는 사람도 받는 사람은 웃을 중 아는
사람이고, 항 번 더 덮어두고 웃는 사람은 웃음 중
아는 사람이다. 웃기는 사람은 웃는 사람보다 모
든 면에서 나은 사람이다. 그래서 이 책의 제목
이 [진짜유머]인 것이다.

*유머퀴즈 정답은 보내이에게 물어보세요! [진짜유머] 중에서...

보내는 사람

받는 사람

재미있는 사진 모음

명언과 멘트

[명언과 멘트]는 생활 속의 명언, 프로그램 진행의
활용 멘트로 압축시켜 놓았다.
외워두면, 자신의 강한 캐릭터와 인상 그리고
매력적인 느낌을 줄 수 있다.

— 명언을 남긴 사람의 이름은 편집상 생략하였다. —

유머훈련 — 맨홀 뚜껑은 왜 동그란가?

OX퀴즈 — 코끼리가 귀를 흔드는 것은 몸을 식히기 위한 것이다?

유머퀴즈 — 인삼은 6년근 일 때 캐는 것이 좋다.
산삼은 언제 캐는 것이 가장 좋은가?

개그맨 따라잡기

사람은 왜웃나

 우선 사람이 왜 웃는지에 대한 이야기부터 하기로 하자.
 물론 '웃겼으니까 웃는다!' 고 말하자는 것이 아니다. 웃음보의 위치를 알고 있는지 묻고 있는 것이다.
 1998년 6월 독일에서, 어느 소녀의 간질에 대한 연구를 위해 인공자극 뇌파장치를 하고 검사를 하던 중 의외의 소득이 있었다. 그것은 왼쪽 뇌의 중 상위 부분이(왼쪽 귀 윗부분에서 약 3cm~4cm 정도 안으로 들어간 곳) 뇌파로 자극을 받게 되면 인간이 웃게 되는 것을 발견한 것이다. 뇌파를 약하게 자극하면 미소가 나오고, 강하게 자극하면 폭소가 나오는 것이었다. 이것이 우리들이 오래 전부터 이야기 해 오던 [웃음보]인 것이다. 이 곳을 자극할 수만 있다면 사람을 자동(?)으로 맘껏 웃길 수 있다는 결론을 얻은 것이다.

휘파람 불고 싶어요

 유치원 선생님이 유치원생들에게 오줌이 마려우면 '선생님, 휘파람 불고 싶어요!' 라고 말하라고 가르쳤다.
 그 유치원에 다니는 아이 한 명이 하루는 집에 돌아와 엄마 아빠와 함께 잠을 자던 중 오줌이 마려웠다. 그래서 그 아이는 옆에 자고 있는 아빠에게 말했다.

"아빠 휘파람 불고 싶어요."
 – 그러자 아빠는 귀찮은 듯 돌아누우며 말했다. –

"한밤중에 무슨 휘파람이야?! 그냥 자!"
 – 아이는 꾹 참았다. 잠시 후 정말 참지 못할 지경이 된 아이는 또 아빠에게 말했다. –

"아빠 휘파람 불고 싶어요."
 – 슬슬 귀찮아진 아빠가 아이에게 말했다. –

"그럼… 아빠 귀에 대고 살짝 불어!"

유머퀴즈 — 인삼은 6년근 일 때 캐는 것이 좋다. 산삼은 언제 캐는 것이 가장 좋은가?

POST CARD
우편 엽서

받는 사람

보내는 사람

To.

* 유머퀴즈 정답은 보내이에게 물어보세요! [진짜유머] 중에서...

3점슛!

일은 나중에 다시 할 수 있지만 아이들의
어린 시절은 다시 오지 않는다.

유머운련 갑작스런 감전사고로 한가지 초능력이 생겼다. 어떤 능력이면 좋을까?

OX퀴즈 엘리베이터의 닫힘 버튼을 누르면 전기소모가 더 늘어난다?
☞ X

유머퀴즈 사방이 꽉 막힌 여자는?

개그매 따라잡기

▶ 로마에키드리

웃음보를 자극하려면?

웃음보를 자극하려면 옆구리나 겨드랑이를 간질이는 것뿐만 아니라 인간의 감각기관인 5감(시각, 청각, 촉각, 미각, 후각)을 통해서 모두 가능한데, 이들 감각(입력)기관을 통해 웃음보까지 전달되는 정보의 강도나 농도 및 효용성(미소~폭소까지)은 사람마다 전부 다르다. 사람은 자기가 아는 만큼만 대화가 가능하듯이 자기가 아는 만큼만 웃게 되어 있다. 유머의 내용이 자신의 수준(?)에 맞으면 즉시 호탕하게 웃고, 약간 빗나가면 잠시 뒤에 웃고, 많이 빗나가면 무슨 소리를 들었는지 해석이 안 된다. 5감을 통해 얼마나 강한 자극을 받느냐 또는 약한 자극을 받느냐 하는 것은 전적으로 듣는 사람의 상태나 환경 및 수준 등에 따라 천차만별(千差萬別)인 것이다.

○ 오른쪽의 유머엽서를 웃음이 필요한 고운님 손에 쥐어주세요!

엘리베이터 안의 10감정

① 당황 ; 여러 사람과 같이 탔는데 방귀가 나오려고 할 때
② 기쁨 : 혼자만 있는 엘리베이터에서 시원하게 한 방 날렸을때
③ 감수 : 역시 냄새가 지독할 때
④ 창피 : 냄새가 채 가시기도 전에 다른 사람이 탔을 때
⑤ 고통 : 둘만 타고 있는 엘리베이터에서 놈이 지독한 방귀를 뀌었을 때
⑥ 울화 : 방귀 뀐 놈이 마치 자기가 안 그런양 딴청을 피울 때
⑦ 고독 : 방귀 뀐 놈은 사라지고 혼자 남아 놈의 채취를 느끼고 있을 때
⑧ 억울 : 놈의 채취가 채 가시기도 전에 다른 사람이 타면서 얼굴을 찡그릴 때
⑨ 황당 : 엄마 손 잡고 올라탄 꼬마가 나를 가리키며 "엄마 저 사람 방귀 꼈나봐" 할 때
⑩ 분통 : 엄마가 아이에게 "누구나 다 방귀는 뀔 수 있는 거야!" 하며 꼬마를 타이를 때

사방이 꽉 막힌 여자는?

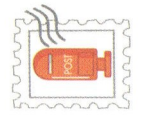

POST CARD
우편엽서

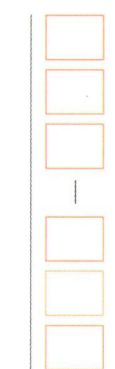

받는사람
보내는사람

To.

*유머퀴즈 정답은 보낸이에게 물어보세요! [진짜유머] 중에서...

FUN FUN TV!

황당경고!

내가 말하면 조언! 남이 말하면 참견!

16 진짜유머

돈 보다 중요한 것 5가지는 무엇들이 있을까?

건전지를 깨물면 좀더 쓸 수 있다?

[호프]로는 맥주를 만들고 [엿기름]으로는 감주를 만든다. 그러면 [돈]으로는 무엇을 만들까?

웃음보를 자극하는 방법

지금까지 사람들의 웃음보를 자극하여 즐겁게 해준 유머들을 모아 정리해보면, 웃음보를 자극하는 방법은?

첫째, 우월감(갑작스럽게 느낀 영광의 기쁨)을 느끼게 하는 것.
둘째, 빗나간 상식이나 이성을 전달하는 것.
셋째, 언어의 유희. 로 나눌 수 있다.

이것들에 대한 구체적인 예나 실전 응용정보는 다음으로…

돈과 화장실 그리고 4자성어

재래식 화장실에서 실수로…

① 10원 짜리 동전이 빠지면   수수방관
② 오백원 짜리 동전이 빠지면   우왕좌왕
③ 천원 짜리 지폐가 빠지면   안절부절
④ 오천원 짜리 지폐가 빠지면   진퇴양난
⑤ 만원 짜리 지폐가 빠지면   이판사판
⑥ 십만원 짜리 수표가 빠지면   일단잠수
⑦ 백만원 짜리 수표가 빠지면   사생결단

[호프]로는 맥주를 만들고 [엿기름]으로는 감주를 만든다. 그러면 [돈]으로는 무엇을 만들까?

POST CARD
우편엽서

To.

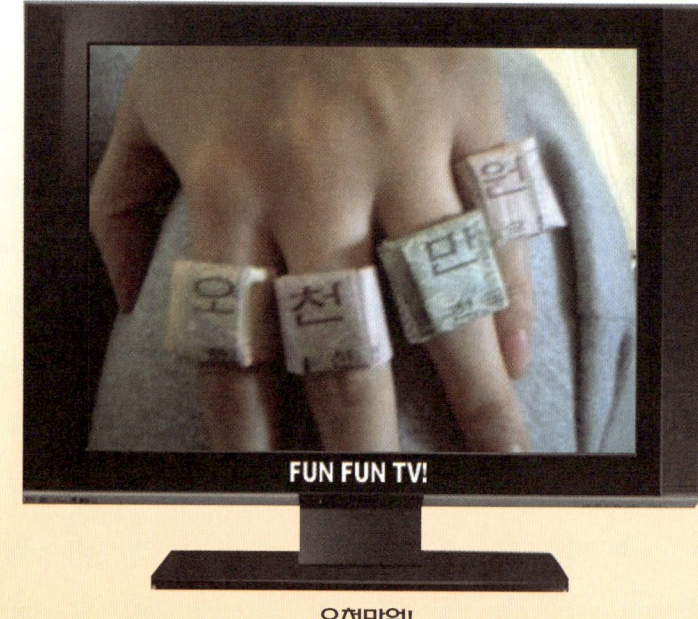

오천만원!

돈으로 산 충성심과 친절은
돈과 같이 사라진다

*유머퀴즈 정답은 보배에게 물어보세요! [진짜유머 중에서...]

유머훈련: 이미 내뱉은 거짓말 한 가지를 취소할 수 있다면, 어떤 거짓말을 취소할까?

OX퀴즈: 국회 의사당 건물을 떠받치고 있는 기둥의 숫자는 24개이다?
☞ ○ (24절기를 뜻함)

유머퀴즈: 누구든지 타서는 안 되는 말은?

◀ 거짓말

우월감을 느끼게하는 것

인간은 자신보다 한 수 위에 있거나 똑똑한 사람에게는 심리적으로 긴장상태가 되고, 한 수 아래인 사람에게는 이완상태가 된다. 웃음은 이 완상태에서 나오는 반응이다. 다시 말해서 자신보다 어리석거나 멍청한 상황(꺼벙한 행동)을 만나면 긴장이 풀리면서 웃게되고 이것이 자신의 자긍심(自矜心)이나 자부심(自負心) 또는 중요감(重要感)으로 연결된다. 이렇게 만난 자긍심, 자부심, 중요감은 곧 우월감(優越感)으로 이어지고 이 우월감이 웃음보를 자극한다.

코미디 프로나 연극을 볼 때, 좀 모자란 듯한 연기를 하는 배우나 탤런트에게 더 정감이 가고 인기가 지속되는 이유가 여기에 있다.(코미디에서 [영구]는 아직도 살아있다)

일단 부담이 없고 [라이벌 의식]이 안 드니까…

● 오른쪽의 유머엽서를 웃음이 필요한 고운님 손에 쥐어주세요!
www.selfevent.com
www.hifun.co.kr

거짓말 시리즈

① 연 예 인 : 우리는 그냥 친한 친구 사이일 뿐이에요.
② 엄   마 : 많이 먹어, 나중에 살 빼면 돼.
③ 신 인 배 우 : 외모가 아닌 실력으로 인정받고 싶어요.
④ 회 사 사 장 : 이 회사는 여러분의 것입니다.
⑤ 학 원 장 : 우리 학원은 아이들의 미래를 책임집니다.
⑥ 미스코리아 : 얼굴보다 마음이 중요하죠.
⑦ 결혼사진사 : 내가 본 신부 중에 제일 예쁘네요.
⑧ 옷가게주인 : 어머! 언니한테 딱이네.
　　　　　　　옷은 주인이 따로 있다니까.
⑨ 선 생 님 : 이건 꼭 시험에 나온다.
⑩ 할 머 니 : 내가 진작에 죽었어야 이 꼴을 안 보지.

유머퀴즈 누구든지 타서는 안 되는 말은?

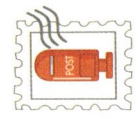

POST CARD
우편엽서

받는사람

보내는사람

To.

*유머퀴즈 정답은 보낸이에게 물어보세요! [진짜유머 중에서...]

FUN FUN TV!

화술!

거짓말은 속이기 위한 의사소통이다.

20 진짜유머

유머훈련 한 동물을 선택하여 의사 소통을 할 수 있는 능력이 생긴다면, 어떤 동물?

OX퀴즈 머리를 자주 감으면 머리카락이 잘 빠진다?
☞ × (잘 안 감기 때문에 빠진다)

유머퀴즈 토끼와 거북이의 경주에서 심판을 본 동물은?

▶ 하마

우월감의 예

누구나 돌부리에 걸려 넘어지거나 얼음판 위에서 발이 미끄러져 엉덩방아를 찧인 경험이 있을 것이다. 본인이 당하면 창피하고 몸둘 바를 모르지만, 남이 넘어지는 광경을 목격하면 폭소를 자아낸다. 이처럼 웃음은 [나는 최소한 너처럼 어리석거나 한심하지는 않다!]라는 갑작스럽게 느낀 영광의 기쁨인 우월감(優越感)을 맛보았기 때문에 나온다.

그 외
① 머리를 숙이고 문을 통과하다가 머리를 [꽝!]하고 부딪히는 광경을 봤을 때.
② 초저녁에 일어나 등교하기 위해 허둥대고 학교로 가방 매고 뛰쳐나가는 광경을 봤을 때.
③ 와이셔츠를 벗었을 때, 손목에 시계가 2개 있는 것을 봤을 때.

○ 오른쪽의 유머엽서를 웃음이 필요한 고운님 손에 쥐어주세요!

너나 잘해

숫사자와 암거북이 달리기 시합을 했다.
사자는 거북이 불쌍해서 거북에게 한마디했다.
"거북아, 웬만하면 가방 좀 벗고 뛰어라."
거북은 대답도 하지 않고 부지런히 뛰었다.
잠시 후 사자는 다시 거북에게 말했다.
"가방 좀 벗고 뛰어!"
거북이 사자를 보더니 말했다.
"너나 잘해."
사자가 다시 거북에게 말했다.
"가방 좀 벗고 뛰라니까?"
화가 난 거북이 사자에게 소리쳤다.
"야! 너나 머리 묶고 뛰어!!"

유머퀴즈 토끼와 거북이의 경주에서 심판을 본 동물은?

POST CARD
우편엽서

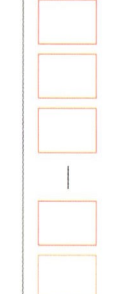

To.

*유머퀴즈 정답은 보내이에게 물어보세요! [진짜유머] 중에서...

미녀와 야수!

사자가 이끄는 토끼부대가 토끼가 이끄는
사자부대를 이길 수 있다.

22 진짜유머

 **유머훈련** 사랑하는 사람을 놓고 결투를 벌여야 하는데, 방법은 선택할 수 있다. 무엇으로 할까?

 OX퀴즈 달팽이도 이빨이 있다? ☞ ○

 **유머퀴즈** 갓난 흑인 아이의 이빨 색은?

◀ 이빨이 갱이다

 개그맨 따라잡기

빗나간 상식이나 이성

웃음을 자극하는 또 하나의 방법으로 '빗나간 상식이나 이성'이 있다. 아시나요?

인간은 긴장 상태에서 이완상태로 넘어갈 때 심리적으로 편안해 지면서 마음의 여유를 찾고 웃게 된다는 것을...

실제로 잔뜩 긴장을 하고 있어 마음의 여유가 없는 사람에게는 아무리 재미있는 이야기를 들려주거나 코믹한 연기를 보여 줘도 웃지 않는다. 이런 사람에게는 '빗나간 상식이나 이성'이 효과적이다. '빗나간 상식이나 이성'은 인위적이지도 않으면서 부드럽게 긴장상태에서 이완상태로 끌어내리는 역할을 한다. 또 '빗나간 상식이나 이성'은 고정관념을 깨뜨릴 때 많이 건질 수 있다.

○ 오른쪽의 유머엽서를 웃음이 필요한 고운님 손에 쥐어주세요!

건강한 치아 보존법

건강한 치아를 오래 보존하려면, 다음 3 가지 규칙을 잘 지켜야 한다.

① 식후엔 반드시 칫솔질을 할 것(3분 안에 3분 동안).
② 1년에 두 번은 치과의사를 찾아 갈 것.
③ 남 일에 쓸데없이 말 참견하지 말 것.

 유머퀴즈 갓난 흑인 아이의 이빨 색은?

POST CARD
우 편 엽 서

보내는사람

받는사람

To.

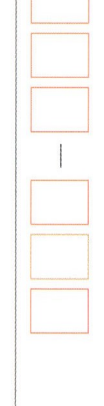

*유머퀴즈 정답은 뒷면에 있어요 중에서... [진짜유머 중에서...]

FUN FUN TV!

프로정신!

**프로가 실수하지 않는 것은 싼 급료를
원하지 않기 때문이다**

24 진짜유머

 마시면 꼭 하루 동안 투명 인간이 되는 약을 마셨다면, 어디서 무엇을 할까?

 장기 수술 뒤 나오는 방귀는 대장기능이 회복됐음을 의미한다? ☞ ○

 죽은 사람을 살리는 비는?

☆롱Я┃ ◀

빗나간 상식이나 이성의 예

누구나 한번쯤 학창시절에 고사성어나 속담을 엉뚱하게 해석하여 웃은 기억이 있을 것이다. 이러한 것들이 바로 빗나간 상식이나 이성이 되어 웃음보를 자극한다.

예를 들면 [백지장도 맞들면 찢어진다.], [가다가 중지하면 간만큼 이익이다.], [삶이 너를 속인다면 112로 신고해라.]등 일 것이다. 그 외,

① 티끌 모아 분리수거!
② 고생 끝에 골병든다!
③ 소문난 파티 주차할 곳 없다!
④ 세살 버릇은? 유치원가서 고친다!
⑤ 아는 길을 물으면? 바보소리 듣는다!
⑥ 열 번 찍어서 안 넘어가는 나무는? 전기톱으로 자른다!
⑦ 소들이 외양간에서 총을 들고 싸우는 것을 4자성어로 하면? 〈우 당 탕 탕!〉

 오른쪽의 유머엽서를 웃음이 필요한 고운님 손에 쥐어주세요!

www.selfevent.com
www.hifun.co.kr

25

식후 세 알씩

삼식 : 의사 선생님, 제 귀에 이상이 있나 봐요. 요즘 들어서는 제 방귀소리 조차 잘 들리지 않거든요.

의사 : 그러면 식후에 이 알약을 꼭 세 알씩만 복용하십시오. 금방 효과가 나타날 겁니다.

삼식 : 우 ~ 와! 그럼 이게 귀가 밝아지는 약인가요?

의사 : 아닙니다. 방귀소리를 크게 하는 약입니다.

죽은 사람을 살리는 비는?

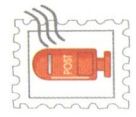

POST CARD
우편엽서

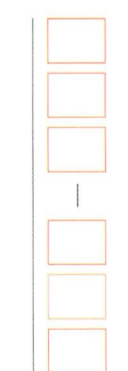

보내는 사람

받는 사람

To.

*유머퀴즈 정답은 보내어 물어보세요! [진짜유머] 중에서...

FUN FUN TV!

콧 방귀!

남의 말을 잘 듣는 것은 하나의 기술이다.

26 진짜유머

 어떤 범죄를 저질러도 특별 사면을 보장받는다면, 어떤 범죄를 저지르고 싶나?

 경찰은 운전 중 안전벨트를 하지 않아도 된다? ☞ ○

 검사, 경찰, 신문기자 세 사람이 점심식사를 같이 했다. 계산은 누가 할까?

▶ 가슴앓이

언어의 유희

언어의 유희는 과장과 축소, 풍자하기, 단어 비틀기, 반대말 반죽하기, 억지부리기, 같은 말 반복하기, 공통점과 차이점 찾기, 딴지 걸기, 입장 바꿔 생각하기, 징검다리 놓기, 강한 단어로 압축하기, 동시패션 등 여러 가지가 있다. 이것에 대해서는 앞으로 이 코너에 지면이 허락하는 한 싣겠다.

예를 든다면...
① 친구가 불가능한 일을 해냈을 때 => 야! 넌 정말 태풍 속에서 성냥불을 켰구나!
② 공금 횡령을 하고 잠적했을 때 => 야, 해먹고 튀었데!
③ 너 없으면 난 못살아! => 널 사랑하는 사람이 이 세상에 한 사람도 없다면, 그건 내가 죽었기 때문이야!

○ 오른쪽의 유머엽서를 웃음이 필요한 고운님 손에 쥐어주세요!

www.selfevent.com
www.hifun.co.kr

투캅스

초대형 쇼핑 센터에 도둑이 들었다는 연락을 받고 경찰이 비상 출동했다.
그러나 도둑은 거미줄 같은 삼엄한 경계망을 뚫고 유유히 사라졌다.

고 참 : 어떻게 했기에 놓쳤어. 이 멍청아!
　　　　출구를 다 막으라고 했잖아, 짜샤!

신 참 : 출구는 분명히 다 막았습니다. 그런데 아, 글쎄 그 놈이 입구로 도망갔지 뭡니까?

 검사, 경찰, 신문기자 3 사람이 점심식사를 같이 했다. 계산은 누가 할까?

POST CARD
우 편 엽 서

보내는 사람

받는 사람

To.

*유머퀴즈 정답은 보내에이버 [진짜유머 중에서...]

협박!

강도는 돈 아니면 생명을 요구하지만 여자는 둘다를 요구한다.

단 한 번뿐인 나의 결혼식을 세계 어느 곳에서나 올릴 수 있다면, 어디가 가장 좋을까?

할망구의 '망구'는 90을 바라보는 81세를 말한다?

신혼 첫날 신랑이 신부를 안아 영화처럼 침대 위에 던졌는데 신부가 기절했다. 왜 기절했을까?

◀ 룸

개그매 따라잡기

유머와 신체건강

웃음은 면역체계와 소화기관을 안정시켜주고, 웃을 때 나오는 뇌 호르몬 물질인 '엔도르핀'은 암세포를 격파시킨다는 연구 결과가 나왔다. 그리고 웃음은 고혈압을 내려주고 저혈압을 올려주어 정상혈압을 유지하게 하고, 회음부(항문과 성기사이)에 있는 괄약근을 강화시켜 젊음을 유지하게 해 준다. 또 배가 아플 정도로 웃었다면 격렬한 복근 운동으로 인한 복근력이 강화될 수 있다는 것이다. '정력이 좋다'는 것은 '복근력 좋다'는 말과 같다. 실제로 복근력이 정력의 원천이 된다는 것은 의학계의 정설이다.

이와 같이 웃음은 암을 비롯한 모든 질병의 예방과 치료에 매우 효과적이고, 웃는 사람은 그렇지 않은 사람보다 자연 치유력이 좋기 때문에 건강하게 오래 산다.

거스름 돈

결혼식을 막 끝낸 신랑이 지갑을 꺼내며 목사에게 예식비용이 얼마냐고 물었다.

목 사 : 우리 교회에서는 예식비용을 따로 받지 않습니다. 다만 신부가 아름다운 만큼 돈을 내시면 감사한 마음으로 받겠습니다.

신 랑 : 아, 그러세요. 여기 봉투에 10만원 넣었습니다. 감사합니다!

목 사 : (신부의 얼굴을 힐끗 보더니) 여기 거스름돈 9만원 받으시오!

신혼 첫날 신랑이 신부를 안아 영화처럼 침대 위에 던졌는데 신부가 기절했다. 왜 기절했을까?

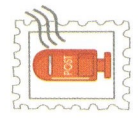

POST CARD
우편엽서

받는사람
보내는사람

To.

* 유머퀴즈 정답은 보내이에게 물어보세요! [진짜유머] 중에서...

조폭 마누라!

아내의 잔소리를 명심보감으로 알고 살면
이혼 당하지 않는다.

30 진짜유머

유머훈련 나의 장례식 때 연주될 곡을 유언으로 남긴다면 어떤 음악을 주문할까?

OX퀴즈 동물도 혈액형이 있다? ☞ ○

유머퀴즈 개구리는 왜 벌을 잡아 먹을까?

개그매 따라잡기

◀ 뒤쪽 참조

유머와 산소

인간에게 꼭 필요한 것 중 하나가 바로 산소이다. 산소가 없으면 인간은 단 몇 분도 못 견디고 죽는다. 그리고 사람이 5분 정도만 호흡이 중단된다면, 가장 먼저 타격을 받는 부위는 뇌 세포이다. 그렇기 때문에 혹시 아이가 호흡을 못하고 경기(驚氣)를 일으켰다면 무엇보다 먼저 기도를 터 산소를 공급해 줘야 한다. 그렇지 않으면 아이가 깨어나더라도 저능아가 될 가능성이 매우 높다. 우리나라 프로야구선수 중의 한 사람도 이와 같은 경우(호흡 중단)로 인해 수년동안 식물인간으로 연명을 하고 있다. 안타까운 일이다.

그런데 사람이 한번 호탕하게 웃게 되면 체내로 들어오는 산소의 흡입량은 평소보다 무려 약 5배가 증가한다. 잘 웃기고, 잘 웃는 사람은 산소 같은 사람이다.

● 오른쪽의 유머엽서를 웃음이 필요한 고운님 손에 쥐어주세요!

www.selfevent.com
www.hifun.co.kr

하룻밤의 열정 때문에

개미와 코끼리가 사랑을 불태우며 하룻밤을 함께 지냈다. 다음날 아침, 개미가 일어나 보니 아 글쎄, 코끼리가 죽어 있는 것이 아닌가! 개미가 죽은 코끼리를 쳐다보며 중얼거렸다.

"우이씨, 하룻밤의 열정 때문에 남은 일생을 무덤이나 파면서 보내야 하다니!"

유머퀴즈 개구리는 왜 벌을 잡아 먹을까?

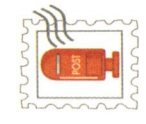

POST CARD
우편엽서

보내는 사람

받는 사람

To.

* 유머퀴즈 정답은 보낸이에게 물어보세요! [진짜유머] 중에서...

FUN FUN TV!

바람!

거절당한 사랑만큼 슬픈 것은 없고,
성취된 사랑만큼 기쁜 것도 없다.

32 진짜유머

사람들이 결혼에 대해 환상적인 착각을 하고 있는 점이 있다면 어떤 것들이 있을까?

키스를 하면 감기가 옮는다?   ☞ ✕

사람이 옷을 벗으면 알몸이 된다.
허수아비가 옷을 벗으면 무엇이 될까?

◀ 뒤집기

유머와 내장기관

　독자들도, 배꼽을 쥐고 웃다보면 나도 모르게 속이 후련해진 경험을 했었을 것이다. 이는 웃음으로 인해 모든 내장기관 구석구석 마사지가 되었기 때문이다. 이것은, 웃으면 횡경막의 운동으로 모든 내장기관이 마사지를 받게 되고, 내장기관이 마사지를 받게 되면 속이 풀리면서 후련해지고 내장의 활성화가 이뤄진 것이다. 그래서 소화가 잘 안 되는 가벼운 체증(滯症) 정도는 웃음으로 바로 해결된다. 즉, 내장기관이 마사지를 받아 내장의 활성화로 인해 소화가 촉진이 되었다는 얘기다. 그렇기 때문에 웃다보니 소화가 다 됐거나, 허기를 느끼는 것은 당연한 얘기다.
　웃음은 특히 간장과 위장에 좋고 심장을 튼튼하게 하며, 잘 웃는 여자는 혈액이 쌩쌩 돌기 때문에 피부 탄력도 좋다.

○ 오른쪽의 유머엽서를 웃음이 필요한 고운님 손에 쥐어주세요!

멋진 첫날밤

철수는 영희를 신부로 맞아 신혼여행을 갔다.

드디어 첫날밤. 잔뜩 기대에 부푼 영희는 철수가 다가오기만 기다렸다.

하지만 철수는 베란다에 나가 밤하늘만 쳐다보는 것이 아닌가!

영희가 물었다.

"안 잘 거예요?"

철수는 계속 하늘만 쳐다보며 대답했다.

"친구들이 오늘처럼 멋진 밤은 다시없을 거라고 했거든. 뭐가 그렇게 멋진지 조금만 더 기다려 보자고."

사람이 옷을 벗으면 알몸이 된다.
허수아비가 옷을 벗으면 무엇이 될까?

POST CARD
우 편 엽 서

보내는사람

받는사람

To.

FUN FUN TV!

받들어총!

*유머퀴즈 정답은 보낸이에게 물어보세요! [진짜유머] 중에서..

별을 밤 하늘에서 빼 놓을 수 없듯이,
대화에 있어서도 유머를 빼 놓을 수 없다.

34 진짜유머

부부의 나이 차이를 법률로 규정한다면, 가장 적당한 나이 차이는 몇 살인가?

우리나라 첫 지폐의 모델은 이승만이다? ○

도둑이 훔친 돈은?

▶ 들c아h

유머와 다이어트

사람이 한 번 자지러지게 웃고 나면(폭소) 어느 정도의 칼로리가 소비될까?

개인의 차이는 있겠지만, 이는 5분 동안의 에어로빅을 한 것과 동일한 칼로리의 소비가 일어난다. 짧은 순간이지만 대단한 유산소 운동의 결과를 얻을 수 있다. 따로 돈들이지 않고, 에어로빅 복장도 갖추지 않고, 장소에 구애됨이 없이 간편하게 다이어트 효과를 볼 수 있다.

또, 한 번의 폭소는 강가에서 애인하고 둘이 노젓는 배를 2분동안 타는 것과 동일한 칼로리 소모가 일어난다.

미국의 [굿 맨] 박사는, '만약 사람이 하루에 3번만 호탕하게 웃으면 병원에 있는 환자를 반으로 줄일 수 있다'는 연구결과를 내놓았다. 웃음이 명약이라는 말이 틀린 말이 아니다. 참으로 놀랍지 않은가?

● 오른쪽의 유머엽서를 웃음이 필요한 고운님 손에 쥐어주세요!

무엇이 될까?

어느 부부의 아들이 첫 돌을 맞이하게 되었다. 남편은 아이가 장차 어떤 인물이 될지 몹시 궁금하여 돌 상에다 지폐와 성서, 그리고 소주 한 병을 올려놓았다.

아내 : 여보, 이게 다 뭐예요?

남편 : 응, 돈을 집으면 사업가가 될 것이고,
성서를 집으면 성직자가 될 거야.
하지만 술을 집으면 술꾼이 되겠지.

드디어 아이가 돌상 앞에 앉았다. 아이는 상을 훑어보다가 지폐를 집어 손에 쥐었다. 그런 다음 다른 손으로 성서를 집어들어 겨드랑이에 끼더니 이내 소주병을 움켜잡았다.

남편 : 휴 —,
저 녀석은 앞으로 정치가가 될 것 같애.

도둑이 훔친 돈은?

36 진짜유머

상상은 결코 상상을 배신한 적이 없다.

얼씨!

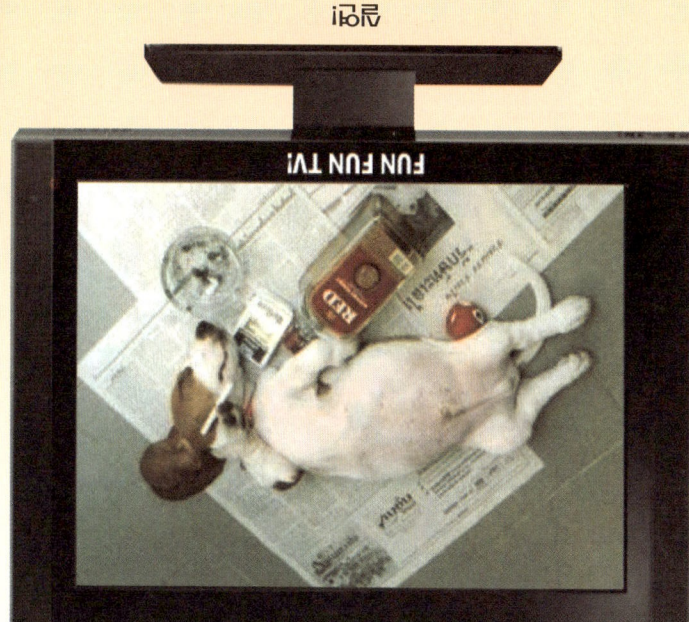

* 유머코즈 정답은 보내시에게 돌려주세요! [진짜유머 즐메서...]

To.

POST CARD
우 편 엽 서

보내는 사람

받는 사람

마법의 지우개가 있다. 우리나라 역사에서 1년을 지울 수 있다면, 몇 년도?

연필 한 다스는 12개, 달걀 한 꾸러미는 10개이다. 그럼 바늘 한 쌈은 22개이다?   ☞ × (24개)

진짜로 문제투성이인 것은?

▶ /시골/시

유머와 아랫배

아시나요?
　배꼽을 쥐고 눈물을 찔끔찔끔 흘리면서 웃는다면, 온몸의 긴장이 풀리면서 아랫배까지 아픈데, 이는 격렬한 복근 운동을 했기 때문이라는 것을...
　헬스클럽에서 아령 10kg짜리를 들고 운동을 하다보면, 처음은 10kg짜리 아령인데 시간이 흐를수록 10kg 이 아니라 11kg, 12kg, 13kg……의 무게를 느끼게 된다.
　그런데 근육이 아픔을 느낄 정도가 되면, 그만두지 말고 한 번을 더 하고 그만두어야 좋다. 왜냐하면 근육이 아플 때의 1번은 그렇지 않을 때의 10배정도 운동효과와 체지방 분해가 일어나기 때문이다.
　튀어나온 아랫배 때문에 스트레스 받는 사람은 울지 말고 웃어야 한다. 그렇게만 한다면 옛날에 입던 바지를 다시 꺼내어 입을 수 있게 될 것이다.

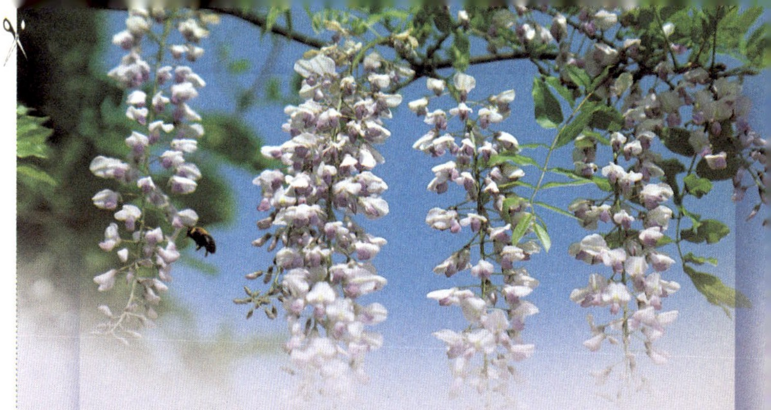

엽기적인 표어

수능시험 당일,
고사장에는 수능생들을 격려하는 표어가
적힌 푯말이 가득했다.
그 중에서 단연 눈에 띄는 표어가 있었다.
그 표어는 바로
"엿 먹어라, 재수 없다!"

진짜로 문제투성이인 것은?

POST CARD
우편엽서

보내는 사람

받는 사람

To.

* 유머퀴즈 정답은 보낸이에게 물어보세요! [진짜유머] 중에서...

FUN FUN TV!

술타령!

맥주 4.5도, 소주 20도, 양주 40도,
모두 한병씩 마시면? 답/졸도

38 진짜유머

마음에 들지 않는 외모중 한가지를 고칠 수 있다면 어디를 고칠까?

사형수가 사형집행일 하루 전날 맹장이 터지면 형 집행이 정지된다? ☞ ○

기절할 때 부는 바람은?

▶ 기절초풍

유머와 마음의 벽

처음모임이나 누구에게 소개받은 초면자리 또는 친숙하지 않은 사람과의 만남은 의례 보이지 않는 마음의 벽에 가로막혀 어색하기 마련이다. 어쩔 수 없는 상황이라고 하기엔 너무 불편하다. 누구라도 나서서 분위기를 편안하게 풀어주길 내심 바라지만 딱히 그럴 사람도 없다면 썰렁한 분위기는 계속 이어지게 되고 결국 [썰렁탕(?)] 한 사발 마신 분위기로 끝나게 된다. 그러나 이럴 때 유머를 구사할 수 있다면, 마음의 벽을 한방에 날려보내고 훈훈한 분위기를 만들어 낼 수 있다. 시의적절(時宜適切)한 유머는 상대방이 굳게 잠그고 있는 마음의 무장해제(?)를 유도하고 짧은 만남이지만 긴 느낌을 줄 수 있다. 그런데 유머 감각이 없다고 고민하거나 걱정할 필요는 없다. 왜냐하면 유머 감각은 후천적이기 때문에 훈련을 통하면 누구나 개그맨 못지 않은 훌륭한 유머 감각을 갖출 수 있기 때문이다.

○ 오른쪽의 유머엽서를 웃음이 필요한 고운님 손에 쥐어주세요!

앙코르

맹장수술을 마치고 마취에서 깨어난 덩달이는 이상한 느낌이 들어 자기 몸 아래를 들여다본 후 간호원에게 물었다.

덩달이 : 왜 제 물건에도 붕대를 감아 놓았죠?

간호원 : 수술을 집도하신 의사 선생님은 아주 유능한 선생님이시거든요.

덩달이 : 그래서요?

간호원 : 그래서 많은 인턴들이 견습을 했어요.

덩달이 : 아니, 그거하고 이 붕대가 무슨 상관이 있습니까?

간호원 : 수술이 끝나자 인턴들이 함성과 함께 박수를 보냈고, 선생님은 그 앙코르에 화답해서 내친 김에 포경수술까지 하셨어요.

기절할 때 부는 바람은?

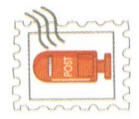

POST CARD
우 편 엽 서

받는 사람

보내는 사람

To.

* 아머퀴즈 정답은 보내이에게 물어보세요! [진짜유머] 중에서...

FUN FUN TV!

남자의 일생!

사랑의 행위는 외과 수술과 대단히 유사하다.

유머훈련 누구도 만들어 내지 못한 새로운 가전제품을 발명할 수 있다면, 어떤 물건을 만들까?

OX퀴즈 남자와 여자의 목소리 중 멀리 들리는 것은 여자 목소리다?

유머퀴즈 전화번호 숫자를 전부 곱하면?

개그맨 따라잡기

0 ◀

유머 감각은 후천적 기능

[유머 감각은 선천적일까? 아니면 후천적일까?]하고 질문을 하면 30% 정도만이 후천적이라고 대답을 한다. 그러나 유머 감각은 후천적인 기능이다. 그것도 100% 후천적인 기능이다. 그렇기 때문에 살아있는 사람이 유머 감각을 키우기 위해 노력만 한다면 누구라도 가능하다는 말이다.

지금 자신의 이름을 백지 위에 평소대로 써 본 후, 다시 그 밑에다 왼손(반대 손)으로 또 한번 써보면 왼손으로 쓴 자신의 이름은 웃음이 나올 정도일 것이다. 둘 다 나의 필체는 분명한데 하나는 썼고, 하나는 그렸다. 이런 현상이 일어나는 이유는 왼손으로는 글씨를 쓸 일이 없었기 때문에 기능이 갖추어지질 않았다는 것말고는 다른 이유가 없다. 오늘부터 왼손으로 글씨를 쓰기 시작해서 2~3개월만 지나면 오른손만큼 쓸 수 있게 된다. 기능이 갖추어지기 때문에... 훌륭한 개그맨은 태어나는 것이 아니라 만들어지는 것이다. 부단한 자기 노력으로....

❂ 오른쪽의 유머엽서를 웃음이 필요한 고운님 손에 쥐어주세요!

고장은 바로

지하철역 앞에 2대의 공중전화가 있었다.

휴대전화를 잃어버린 영진이는 급하게 전화를 걸어야 했다. 얼른 공중전화로 달려갔다.

이상하게도 한쪽 전화기에만 사람들이 길게 줄을 서 있는 것이었다.

얼떨결에 그 줄에 선 영진이는 앞에 서 있는 남자에게 물었다.

"저, 옆에 있는 전화기는 고장인가 보죠?"

그러자 그 남자는 낮은 목소리로 대답했다.

"아니요. 이 전화기가 고장이에요. 100원 짜리 동전 1개만 넣으면 1시간 넘게 통화할 수 있어요."

 전화번호 숫자를 전부 곱하면?

POST CARD
우편엽서

보내는 사람

받는 사람

To.

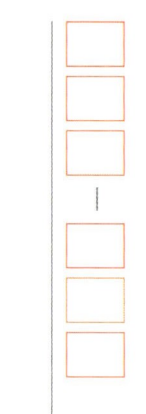

*유머퀴즈 정답은 뒷내용 페이지 중에서... |전짜유머||크레커이플|

대포폰!

무소식은 희소식이 아니다.
자주 연락하고 살자!

유머훈련 천사가 1억 원을 주면서 그 돈을 몽땅 쓰라고 한다면, 어느 곳에서 어떻게 쓸까?

OX퀴즈 TV의 인치 표시는 브라운관의 대각선 길이다? ☞ ○

유머퀴즈 북한에서 [김정일은 미친놈!]이라고 말하면 무슨 죄에 해당될까?

개그맨 따라잡기

▶ 1. 비밀유지죄

단계적인 것과 마구잡이

우리나라는 세계적으로 기능 면에서 우수한 민족이다. 세계의 기능 경진대회에 나가 금메달을 획득하는 것을 봐도 알 수 있다. 자랑스런 대~한민국!

그런데 유머도 기능이다. 단계적으로 훈련을 쌓아야 한다는 말이다. 만약 단계적인 과정을 거치지 않고도 기능이 갖추어진다면, 하루도 빼먹지 않고 뒷골목에서 싸움질하는 녀석은 이 다음에 크면 권투 챔피언이 되어야 한다. 그러나 그렇지 못한 것은, 우리 모두 달리기는 할 수 있지만 전부 육상선수가 될 수 없는 이유와 같다. 육상선수는 특별히 단계적인 훈련을 쌓아야 하고, 그 중에서도 금메달을 따내는 선수는 결국 연습량이 말을 해준다.

유머도 마찬가지 기능이다. 따라서 단계적으로 꾸준히 연습과 학습을 한다면 훌륭한 유머 감각을 가진 기능 보유자가 된다는 말이다.

[장족의 발전을 하느냐? 못하느냐?]는 자신의 노력 하기에 달려있다.

○ 오른쪽의 유머엽서를 웃음이 필요한 고운님 손에 쥐어주세요!

정말 힘들다

① 엄마 말 잘 듣기
② 숨 안 쉬고 1분 버티기
③ 담배 연속 10개피 피우기
④ 노래방가서 노래 안 부르기
⑤ 리모컨없이 TV 채널 바꾸기
⑥ 자장면먹으면서 단무지 안 먹기
⑦ 나이트 클럽가서 춤 안 추고 놀기
⑧ 남편에게 운전연수 받기
⑨ 주식으로 돈벌기
⑩ 국회의원 존경하기

 북한에서 [김정일은 미친놈!]이라고 말하면 무슨 죄에 해당될까?

POST CARD
우편엽서

받는 사람

보내는 사람

To.

FUN FUN TV!

잘할 수 있습니까?

최선을 다한 일에도 아직 개선의 여지가 있다.

*유머퀴즈 정답은 보낸이에게 물어보세요! [진짜유머] 중에서...

유머훈련 선물 받은 구관조(九官鳥)가 한 가지 말밖에 따라하지 못한다. 무슨 말을 가르칠까?

OX퀴즈 100℃의 물과 100℃의 수증기에 살이 데이면 수증기 쪽의 상처가 더 심하다? ☞ ○

유머퀴즈 북한에서는 라면을 무엇이라 하나?

↳논 ᡰᠴᡰᡰ ◀

조크(Joke), 코믹(Comic), 위트(Wit)

조크, 코믹, 위트는 모두 유머와 관련된 말이다.

사람은 5감을 갖고 있다. 즉 시각, 청각, 미각, 촉각, 후각이다. 이들 5감 중에 청각을 자극해서 즐거움을 주는 것을 [조크]라 하고 [농담]이라 해석한다. 또 시각을 자극해서 즐거움을 주는 것을 [코믹]이라 하고 [익살]이라 해석한다. 그리고 [위트]는 6감에 해당되는 것으로서, 6감은 5감을 통해 들어온 정보에 대해 반사적(反射的)으로 작동하고 [재치] 또는 [순발력(애드립)]이라 해석한다. [조크]와 [코믹]은 각본(대사 또는 연기)에 의존할 수 있지만 [위트]는 의존할 수 없다. 유머 감각이 좋다는 말은 바로 [위트]가 좋다는 말이다.

조크는 [오디오]이고 코믹은 [비디오]라 할 수 있는데 수준(?)이 높을수록 [조크]쪽으로 비중을 둔다. 과거 코미디언들은 보여주는 것(넘어지고, 얻어맞고, 영구, 맹구, 땡칠이...)인 [코믹]으로 즐거움을 주었다면, 요즘 코미디언들은 들려주는 것 즉, 현란한 말솜씨인 [조크]로 즐거움을 준다.

● 오른쪽의 유머엽서를 웃음이 필요한 고운님 손에 쥐어주세요!
www.selfevent.com
www.hifun.co.kr

선물의 의미

① 반지 – 넌 내 것

② 책 – 당신을 믿어요

③ 목걸이 – 하나가 되어요

④ 인형 – 나를 안아주세요

⑤ 거울 – 날 이해해 주세요

⑥ 껌 – 오래 사귀고 싶어요

⑦ 초콜릿, 시집 – 당신과 함께

⑧ 그림 – 나의 마음을 알아줘요

⑨ 장미 – 나의 사랑을 받아주세요

⑩ 지갑 – 돈보다 당신을 사랑해요

유머퀴즈 북한에서는 라면을 무엇이라 하나?

POST CARD
우편엽서

받는 사람

보내는 사람

To.

* 유머퀴즈 정답은 보내어주세요! [진짜유머] 중에서...

선물포장!

작은 것에 고마워 할 줄 알면 마음이 편해진다.

 당장 누군가를 감옥에 집어넣을 수 있다면, 누구를 가둬 버리고 싶나?

 육상 선수가 한쪽 발에만 운동화를 신고는 경기할 수 없다? ☞ X

 북한에서는 [다이어트]를 뭐라고 하나?

 따라하기

개그맨(Gag-Man)

[개그]라는 단어는, "말문을 막아버리다." "언론을 탄압하다." 등의 [말]과 관련되어있는 단어이다. 요즘 코미디언을 특히 [개그맨]이라고 하는데, 원래 [개그맨]이라는 단어와 직종은 없다. 그런데 코미디언 중에 전 모씨가 [개그]+[맨]=[개그맨]이라고 쓰는 바람에 하나의 대명사가 되어버렸다.

[개그맨], 이 말은 [야그맨]이라고도 할 수 있다.(우리 이야기를 [야그]라고도 하니까) 즉 주로 [조크]에 강한 코미디언들을 가리키는 말이다. 앞서도 말했지만 [조크]는 청각과 관련되어 있어 농담이고, [코믹]은 시각과 관련되어 익살이다. 진정한 의미의 유머 감각이라 할 수 있는 [위트]가 언어를 통해 표현되면 [조크]가 되고, 행동을 통해 표현되면 [코믹]이 되는 것이다. 그렇기 때문에 유머 감각인 [위트]의 개발을 위해선, 수없이 보고 듣고 하는 노력이 있어야 한다.

오른쪽의 유머엽서를 웃음이 필요한 고운님 손에 쥐어주세요!

www.selfevent.com
www.hifun.co.kr

47

경찰 불러

우리 집은 1층과 2층이 태권도장인 3층 양옥이다.
관장은 7단, 두 명의 사범은 모두 5단, 작은형은 4단 이였다.
관장은 도장에서 살림까지 같이했고, 사범 둘은 모두
총각이라 1층 한 쪽 방에서 자취를 했다.
그런데 어느 물정 모르는 도둑이 들어왔다가 셔터에 갇혔다.
도둑은 보일러실에 숨어 있다가 깜빡 잠들어 버렸고,
보일러실에 불을 켜려던 할머니께 들키고 말았다.

"도둑이야!"

관장과 사범 둘이 뛰쳐나오고, 태권도 선수인
작은형까지 뛰쳐나왔다.
도둑은 칼을 들고 외쳤다.

그러자 **"가까이 다가오지마! 빨리 경찰을 불러!! 경찰!!!"**

 북한에서는 [다이어트]를 뭐라고 하나?

POST CARD
우편엽서

보내는 사람

받는 사람

To.

*유머퀴즈 정답은 보낸이에게 물어보세요! [진짜유머 중에서...]

FUN FUN TV!

예외는 없다!

범죄에 대한 최대의 동기는 벌을 피하려는 희망이다.

 성공한 결혼과 실패한 결혼을 가르는 기준은 어떤 것인가?

 로댕의 생각하는 사람은 오른손으로 턱을 받치고 있다?

 북한에서는 백열전구를 "불이 켜지는 알맹이"라고 해서 [불알]이라고 한다. 형광등은 뭐라고 할까?

▶ 길룩크

미소

유머 감각을 키우기 위한 첫 번째 단계는 자신의 얼굴에 미소를 띄우는 것이다. 코미디 프로를 보면 알 수 있듯이, TV에 나오는 코미디언들의 대화도 대화지만 얼굴 표정에서 보여주는 웃는 얼굴 때문에 괜히 더 재미있어 보인다(눈을 감고 목소리만 들어보면 재미는 반감된다). 이러한 현상은 미소와 웃는 얼굴이 재미있는 분위기조성을 해 주기 때문이다. 미소는 꼭 세일즈맨이나 안내원만이 가져야할 에티켓이 아니다. 미소는 사회생활을 하는 사람이라면 모두가 필요하기도 하지만 유머 감각을 키우려는 사람들에겐 필수 사항이다. 그리고 미소는 전기 요금 한 푼 안들이고도 주위를 환하게 밝혀주고, 미소 띈 얼굴엔 침도 못 뱉고, 미소 띈 얼굴은 오래도록 기억된다. 유머 감각을 키우기 위한 첫 번째 단계는 자신의 얼굴에 미소를 활짝 띄우는 것이다.

● 오른쪽의 유머엽서를 웃음이 필요한 고운님 손에 쥐어주세요!

결혼이란?

1년째 : 남자가 말하고 여자는 듣는다.

2년째 : 여자가 말하고 남자는 듣는다.

3년째 : 둘 다 말하고 이웃이 듣는다.

북한에서는 백열전구를 "불이 켜지는 알맹이"라고 해서 [불알]이라고 한다. 형광등은 뭐라고 할까?

POST CARD 우편엽서

To.

*유머퀴즈 정답은 보낸이에게 물어보세요! [진짜유머] 중에서...

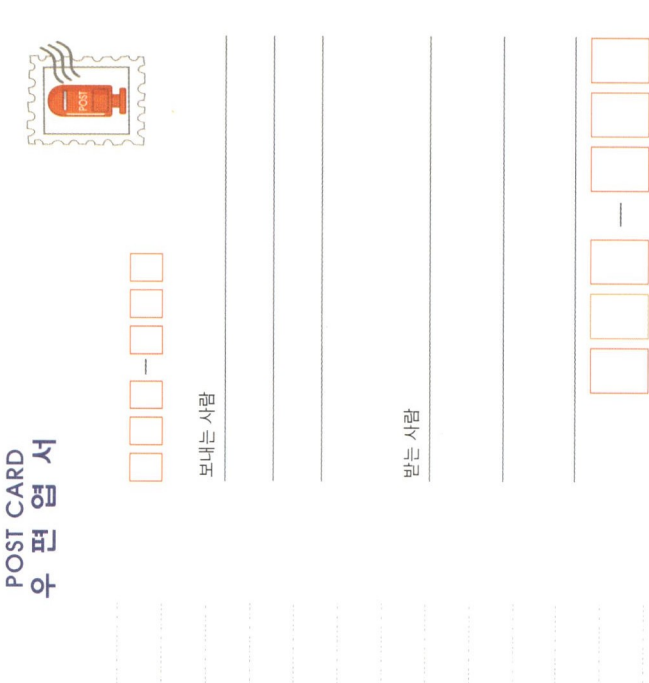

FUN FUN TV!

수중토론!

결혼으로 한 남자를 교정하고자 하면 안된다.
그건 교도소가 할 일이다.

50 진짜유머

 십 년 뒤 꼭 이루고 싶은 나의 소원은 무엇인가?

 열대 지방에 자라는 나무에는 나이테가 없다.
☞ ○ (기후 차이가 없기 때문)

 북한에서는 형광등의 꼬마전구(스타트 전구)를 뭐라고 할까?

배려(配慮)하는 마음

　유머 감각을 키우기 위한 두 번째 단계는 배려하는 마음을 갖는 것이다.
　대화를 잘하는 사람이 상대방이 이야기를 할 때 끝까지 잘 경청하는 사람이듯이, 유머 감각이 좋은 사람은 상대방이 웃기는 이야기를 할 때 배려하는 마음으로 기꺼이 웃어줄 수 있는 사람이다. 배려하는 마음은 이야기가 재미가 있건 없건, 알건 모르건 기꺼이 웃어준다는 말이다.
　독자들도 경험했겠지만, 내 이야기에 재미있게 웃어주는 사람은 뭐라도 주고 싶지만 그렇지 않은 사람은 한 대 쥐어박고 싶은 심정이다. 그리고 기꺼이 웃어주게 되면 더 많은 재미있는 유머정보가 상대방으로부터 이어져 나오게 되고, 이렇게 되면 나의 지식 창고는 상대방보다 많이 차게 된다. 이는 인간관계에서의 세련된 테크닉이고, 성공으로 가는 축지법(縮地法)이다. 유머는 미운 놈 떡 하나 더 주는 것이 아니라, 웃는 놈 떡 한판 주는 것이다.

꼬마의 아파트

25층 짜리 고층 아파트 꼭대기에 사는 꼬마가 있었다. 이 꼬마는 1층으로 내려올 때는 엘리베이터를 이용했지만, 1층에서 25층으로 올라갈 때는 늘 엘리베이터를 23층까지만 타고는, 24층과 25층은 걸어서 올라갔다. 왜 그랬을까?

정답 : 꼬마는 팔이 짧으니까!?

 북한에서는 형광등의 꼬마전구(스타트 전구)를 뭐라고 할까?

POST CARD
우편엽서

보내는사람

받는사람

To.

* 유머퀘즈 정답은 보낸이에게 물어보세요! [진짜유머] 중에서...

FUN FUN TV!

열려라 참깨!

너무 정돈된 공간은 감옥과 같다.

52 진짜유머

유머훈련 이 세상에 태어날 때 부모를 선택할 수 있다면, 어떤 사람의 자식이 되고 싶나?

OX퀴즈 뜨거운 물보다 찬 물에 불이 더 잘 꺼진다? ☞ ✕

유머퀴즈 북한에서는 호텔 로비에 켜있는 샹들리에를 뭐라고 하나?

개그맨 따라잡기

▶ 답 룔룡

배려하는 웃음(억지 웃음)의 효과

육인간은 하기 싫은 일도 억지로 참고하는 인내심과 추진력이 있다. 정말 대단한 능력이다. 인간관계에 있어서도 억지로 웃을 때가 있다. 직장에서는 상사보다 부하가 더 많이 웃는 것으로 조사됐다. 이러한 결과는 상사에 대한 부하의 아부와 배려하는 마음이 복합적으로 깔려있지만 중요한 것은 상사보다 부하가 더 건강해 진다는 것이다. 한 조사에 따르면 사람이 억지로 웃어도 재미있어서 웃는 것의 90%에 해당하는 의학적, 정신적 효과가 있다는 연구결과가 나왔다. 억지로라도 웃는 것이 좋다.

이를 증명이라도 하듯이, 인도에는 [스마일 클럽]이 전국적으로 250여 개나 있다. 이 클럽은 점심 시간을 이용하여 오후 근무가 시작되기 전, 20~30명 정도 회원들끼리 모여 그냥 박수를 치면서 호탕하게 5분 정도 웃는 모임이다. 물론 코미디나 개그를 하는 사람은 없다. 그냥 웃는다. 그런데 놀랍게도 [스마일 클럽]의 회원들은 스트레스로 인한 성인병이 뭔지 모르고 산다는 것이다.

● 오른쪽의 유머엽서를 웃음이 필요한 고운님 손에 쥐어주세요!

고것이 알고 싶다

① 물의 반대말은 불. 그러면 물고기의 반대말은 불고기인가?

② 지방에서 서울로 가면 올라간다고 한다. 평양에서 서울로 가면 내려가는 건가?

③ 세월이 약. 그러면 양력은 양약이고 음력은 한약인가?

④ 산전수전 다 겪은 사람을 보고 쓴맛 단맛 다 봤다고 하는데, 그렇다면 산전은 쓴맛이고 수전은 단맛일까?

⑤ 왜 같이 똑똑했는데 안에 있는 사람은 편하고, 밖에 있는 사람은 미치는 걸까? (화장실)

⑥ 짐승만도 못한 놈과 짐승보다 더한 놈 중, 도대체 어느 놈이 더 나쁜 놈일까?

⑦ 왜 접대부 생활을 하면서 대학에 다니면 모범생이고, 대학에 다니면서 접대부 생활을 하면 문제아인가?

유머퀴즈 북한에서는 호텔 로비에 켜있는 샹들리에를 뭐라고 하나?

POST CARD
우편엽서

보내는 사람

받는 사람

To.

* 유머퀴즈 정답은 보낸이에게 물어보세요! [진짜유머] 중에서...

액체 소화기!

금고가 가장 껄끄러워하는 방어 대상은
불이나 물이 아닌 사람이다.

유머훈련 이건 해도 너무 한다고 생각되는 연인들의 행동 중 꼴불견 세 가지를 든다면 어떤 것?

OX퀴즈 인간의 뇌 세포는 재생이 안 되는 신체세포이다? ☞ ○

유머퀴즈 남이 먹으면 맛있고 내가 먹으면 맛없는 것은?

개그맨 따라잡기

응륜 ◀

유머의 예화

유머 감각을 키우기 위한 세 번째 단계는 유머의 예화(레퍼토리)를 많이 챙기는 것이다. 학교 다닐 때 공부 잘하는 학생은 머릿속에 지식을 많이 꾸겨(?) 넣은 학생이고, 부자는 돈이 많아서 부자이다. 마찬가지로 유머 감각이 좋은 사람은 유머의 예화를 많이 알고 다니는 사람이다. 많이 알고 있는 유머의 예화를 적시에 꺼내어 써먹게 되면 그것은 바로 적시타(適時打)가 되어 유머 감각이 좋은 사람이라는 평가를 받게 된다.

유머의 예화를 10개 알고 있으면 10개로 끝나는 것이 아니다. 1번째와 2번째가 합쳐져 11번째의 유머가 만들어지고, 3번째와 4번째가 합쳐져 12번째의 유머가 만들어지고...

또 11번째와 12번째가 합쳐져 16번째 유머가 만들어지고...

이렇게 피라미드 형식으로, 최소한 20개 이상 유머의 예화가 만들어진다.

그러기 위해서는 인터넷 유머나 신문이나 잡지에 소개되는 유머 이야기들을 정독하는 것이 필요하다. 그렇게 한다면, 자신도 웃어서 좋고 남들에게 웃음을 선사함으로 좋은 인상을 심어주는 일거양득(一擧兩得)의 효과를 누릴 수 있다.

❀ 오른쪽의 유머엽서를 웃음이 필요한 고운님 손에 쥐어주세요!

www.selfevent.com
www.hifun.co.kr

가로등 2개와 일꾼 1명

정신병자 세 사람이 공사장에 가서 일을 하게 해달라고 빌었다.

그래서 공사장 주인이 하는 수 없이 일하게 해주었다.

공사장 주인이 그 정신병자 세 사람이 잘 하고 있나 보러 갔는데 한 사람만 땅을 파고 있었다.

공사장 주인이 궁금하여 물어봤다.

"왜 한 사람만 파고 두 사람은 서 있는 겁니까?"

그러자 두 사람이 말했다.

"저희는 가로등이에요."

"뭐라고! 당신들은 해고야."

그러자 땅을 파던 한 사람도 가려고 하자 공사장 주인이 다가가서 말했다.

"이보게 자네는 해고가 아니네."

그러자 그 사람이 하는 말,

"가로등이 없어 깜깜한데 어떻게 일을 합니까?"

유머퀴즈 남이 먹으면 맛있고 내가 먹으면 맛없는 것은?

POST CARD
우 편 엽 서

To.

* 유머퀴즈 정답은 보내이에게 물어보세요! [진짜유머] 중에서...

네트워크!

성공하는 두가지 방법 중 하나는 자신의 근면이고, 다른 하나는 남의 어리석음이다.

학교에서 배운 과목 중 사회생활을 하는데 있어서 가장 쓸모 없는 과목은 무엇일까?

미국의 대통령과 부통령은 여행을 같이 다닐 수 있다?
☞ × (절대 안 된다)

몸 속에 있는 폭발물은?

울ㅎh롱 ◀

유머 파일 정리하기

유머 예화만 잔뜩 확보하고 있다고 해서 만사가 끝난 것은 아니다. 이것들을 다시 파일로 만들어 정리를 해야 한다. 즉, 비즈니스에서 써먹을 수 있는 유머, 직장에서 써먹을 수 있는 유머, 가정에서 써먹을 수 있는 유머, 친구끼리 만났을 때 써먹을 수 있는 유머, 병문안 갔을 때 써먹을 수 있는 유머, 예비군 훈련장에서 써먹을 수 있는 유머…

필자는 예비군 훈련장에서나 써먹을 수 있는 유머를 비즈니스나 직장에서 써먹다가 망가지는 사람 수없이 많이 봤다. 나중에 이 부분에 대해선 다시 한번 언급하겠다.

또 병문안 가서 환자에게 유머를 날리면 환자의 병세가 호전이 되고, 병실 분위기가 밝아진다. 그래서 유머 파일을 만들어 꺼내 써야 한다. 병문안 가서 환자에게 유머를 날릴 때, 한가지 주의사항이 있다. 그것이 무엇인고 하니, 환자가 반드시 실밥을 뜯어내고 난 다음에 날려야 한다.

● 오른쪽의 유머엽서를 웃음이 필요한 고운님 손에 쥐어주세요!

장래 희망

중학교 때였다.

담임선생님께서 반 아이들에게 장래희망에 대해 물어봤다.

그때는 꽤나 어렸던 것 같다.

다들 하나같이 정치인, 대통령, 대학교수 등등…

하긴~ 현실에 눈떠가기 전에 꿈이라도 커야 하지 않겠는가!

몇몇 아이들을 거치고 선생님은 공부를 꽤나 잘했던 우리 반 반장녀석에게 물어보았다.

우리는 공부를 잘하는 녀석이니 뻔한 대답이 나오리라 생각했다.

그러나! 녀석의 대답은 어린 나이에 비해 상당히 현실적이었다.

한참을 심각하게 고민하던 녀석의 입에서 나온 말은,

"뭐, 이것 저것 하다가 안되면 선생질이라도 해야죠."

몸 속에 있는 폭발물은?

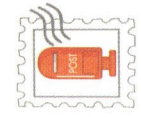

POST CARD
우편엽서

받는사람

보내는사람

To.

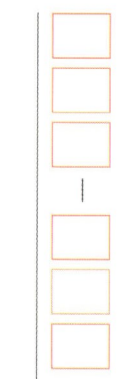

*유머퀴즈 정답은 보냄이에게 물어보세요! [진짜유머 중에서...]

FUN FUN TV!

장래희망!

지옥이란 인간이
희망을 잃어버린 상태를 말한다.

58 진짜유머

 **유머훈련** 현존하는 여러 가지 잘못된 편견들 가운데 한가지를 영원히 없앨 수 있다면 어떤 것?

 OX퀴즈 귀뚜라미가 우는 이유는 영토 주장을 하기 위해서다? ☞ ○

 **유머퀴즈** 법이 없이도 살 수 있는 사람은 착한 사람이다. 그러면 법이 없어야 사는 사람은?

▶ 시용수

단타에서 장타로 가기

걷지도 못하는 아이에게 뛰라고 명령을 한다면 말이 안 되는것과 마찬가지로 유머 감각을 키우기 위해 단계를 밟아 가는 사람이 처음부터 단타(짧은 이야기나 난센스 퀴즈 등)를 외면하고 장타(긴 이야기나 스토리가 있는 에피소드 등)를 겨냥한다면 백발백중 불발로 끝난다. 그래서 썰렁한 사람이라는 말을 듣게 된다.

유머 감각을 키우기 위해선 단타에서 장타로, 미소에서 폭소로, 약한 것에서부터 강한 것으로 나아가야 한다.

단타의 대표적인 것은 난센스 퀴즈나 유머퀴즈이다. 단타의 특징은 나의 유머 감각과는 상관없이 내용자체가 재미있고 웃기기 때문에 사람들을 웃길 수 있다. 사람들이 웃는 모습을 확인하고 나면 [아! 나도 되는구나!]하는 자신감이 붙고 그 다음엔 가속도가 생긴다.

○ 오른쪽의 유머엽서를 웃음이 필요한 고운님 손에 쥐어주세요!

www.selfevent.com
www.hifun.co.kr

믿을 수가

국회의원을 태운 승용차가 빗길에 미끄러져 논두렁으로 추락했다.

때마침 농부가 논을 살피러 왔다가 현장을 목격, 땅을 파고 국회의원을 정성껏 묻어주었다.

며칠 뒤 경찰이 조사를 나왔다.

농부는 경찰에게 사고가 난 경위와 자신이 차에 있던 국회의원을 묻어주었노라고 말했다.

경찰이 물었다.

"그럼 그 국회의원이 그 자리에서 즉사했다는 겁니까?"

농부 왈,

"뭐, 살아있다고 외쳐대기는 했지만
그 사람 말을 도대체 믿을 수가 있어야지!!"

POST CARD
우편엽서

보내는 사람

받는 사람

To.

* 유머퀴즈 정답은 보낸이에게 물어보세요! [진짜유머 중에서...]

목표!

유능한 사람이 되는 길은
무능한 짓을 하지 않는 것이다.

유머훈련 지금 당장, 무슨 소원이든지 딱 한가지 이룰 수 있다면 어떤 것일까?

OX퀴즈 [입추의 여지가 없다]에서 [입추]는 가을이 됨을 뜻한다?
☞ ✗ (송곳을 세움의 뜻)

유머퀴즈 양파 껍질을 계속 벗기면 무엇이 나올까요?

개그매 따라잡기

롬곡 ◀

눈 높이 맞추기

나에게 재미있고 웃기는 얘기라고 해서 다른 사람들에게도 재미있고 웃기는 얘기라 단정할 수 없다. 반면, 나에게 재미없고 썰렁한 얘기라고 해서 다른 사람에게도 재미없고 썰렁한 얘기라고도 할 수 없다. 유머도 눈높이가 있기 때문에 눈높이가 맞으면 재미있고, 눈높이가 맞지 않으면 재미없다.

남자는 남자끼리 또 여자는 여자끼리 있을 때 적합한 것이 있고, 일터에서, 학교에서, 가정에서, 병원에서...

노인용, 성인용, 청소년용 그리고 어린이용이 엄연히 따로 존재한다. 물론, 남녀노소 모든 이에게 통하는 유머도 있지만, 대부분 유머소재의 선택은 잘 분별해서 눈높이를 맞추어 해야 할 일이다.

대략, 어린이에게는 수수께끼, 청소년에게는 단어 비틀기, 성인에게는 Y담 (야한 이야기)이나 풍자(諷刺)가 적합하다.

♥ 오른쪽의 유머엽서를 웃음이 필요한 고운님 손에 쥐어주세요!

www.selfevent.com
www.hifun.co.kr

잘생긴 사람과 못생긴 사람

① 잘생긴 사람이 축구하다가 오버헤드킥을 하면 [역시!]
   못생긴 사람이 축구하다가 오버헤드킥을 하면 [어쭈~]

② 잘생긴 사람이 공부까지 잘하면 [금상첨화!]
   못생긴 사람이 공부만이라도 잘하면 [배수의진]

③ 잘생긴 사람이 헬스하면 [몸매 가꾸기]
   못생긴 사람이 헬스하면 [성인병 예방]

④ 잘생긴 사람이 길에서 막 뛰어가고 뒤에서 사람들이 막 쫓아오면 [연예인인가 봐~]
   못생긴 사람이 길에서 막 뛰어가고 뒤에서 사람들이 막 쫓아오면 [빚쟁이인가 봐~]

⑤ 잘생긴 사람이 술 마시고 오바이트하면
   [그러게 왜 그렇게 무리해. 몸 생각하지~]
   못생긴 사람이 술 마시고 오바이트하면
   [그게 다 돈이다 돈. 주워먹어라 인간아~]

유머퀴즈 양파 껍질을 계속 벗기면 무엇이 나올까요?

POST CARD
우편엽서

To.

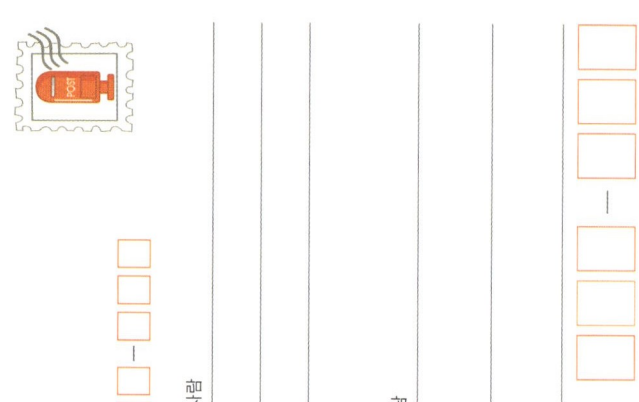

FUN FUN TV!

희노애락!

잘 생기거나 못생긴 사람은 없다. 다만 자기답게 생긴 사람만 있을 뿐이다.

*유머퀴즈 정답은 보낸이에게 물어보세요! [진짜유머] 중에서...

지금 당장 지갑에 얼마가 있으면 행복할 수 있을까?

우리나라에서 제일 먼저 철도가 개통된 것은 경부선이다?
☞ × (경인선이다)

경승용차와 8톤 화물트럭이 정면 충돌을 하였는데, 8톤 화물 트럭이 뒤집혔다. 이런 것을 뭐라고 하나?

끈사울판 ◀

어린이용 유머퀴즈 10선

어린이들이 즐기는 유머퀴즈는 수수께끼가 주종을 이룬다. 이는 풀어놓은 이야기를 모아 정리하고 또 이것을 추리하여 자신이 맞추었다는 것에 대단한 흥분과 자긍심을 느끼게 해 주기 때문이다. 다음은 초등학생의 눈높이에 맞춘 내용들이다.

① 입으로 먹고 배로 내뱉는 것은? (우체통)
② 배로 먹고 입으로 내뱉는 것은? (대패)
③ 병균들 중에서 가장 계급이 높은 병균은? (대장균)
④ 소변과 대변 중 어느 것이 먼저 나오나? (급한 것)
⑤ 발바닥 가운데가 움푹 패인 이유는? (지구가 둥그니까)
⑥ 벼락부자가 되려면 무슨 장사를 해야 하나? (피뢰침장사)
⑦ 인도 땅덩어리보다 꼭 4배가 더 큰 나라는? (인도네시아)
⑧ 세계에서 가장 빠른 차는? (빵소니차)
⑨ 돈을 벌려면 자주 망쳐야 되는 사람은? (어부(그물))
⑩ 포도를 따는 데 가장 적당한 시기는? (주인이 없을 때)

○ 오른쪽의 유머엽서를 웃음이 필요한 고운님 손에 쥐어주세요!

www.selfevent.com
www.hifun.co.kr

밀 수

스위스와 독일의 국경.
한 할아버지가 날마다 오토바이에 자갈을 싣고 두 나라를 오갔다.
세관원은 할아버지가 자갈 속에 분명 무엇을 숨겨 밀수하는 것 같아 자갈을 몽땅 쏟아 보았지만 아무 것도 없었다.
심증은 있지만 증거를 잡을 수 없자 하루는 세관원이 할아버지에게 물었다.

"할아버지가 뭘 밀수하는지 너무 궁금해서 잠도 못 자요. 밀수하는 것을 눈감아 줄 테니 그게 무엇인지 가르쳐 주세요?"

할아버지가 대답했다.
"보면 몰라? 오토바이잖아!"

경승용차와 8톤 화물트럭이 정면 충돌을 하였는데, 8톤 화물트럭이 뒤집혔다. 이런 것을 뭐라고 하나?

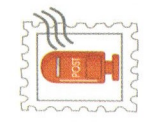

POST CARD
우편엽서

받는사람

보내는사람

To.

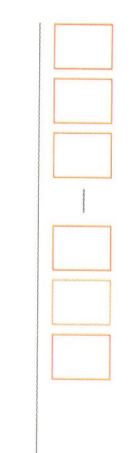

*유머퀴즈 정답은 보낸이에게 물어보세요! [진짜유머] 중에서...

레이스!

당신의 경쟁상대는 누구입니까? 그리고 경쟁무기는 무엇입니까?

유머훈련 지금까지 살아 온 삶 중에 영원히 머무르고 싶은 나이는 몇 살인가?

OX퀴즈 닭도 왼발잡이, 오른발잡이가 있다?
☞ O (왼발잡이가 많아서 치킨은 왼쪽 다리가 맛있다)

유머퀴즈 물고기 중에 가장 학력이 높은 고기는?

개그맨 따라잡기

정답 ◀

어린이용 OX 퀴즈 10선

OX 퀴즈는 유머퀴즈와 달라 과학적이고 이성적인 것이어야 한다. 다음은 초등학생들에게 호기심을 자극하는 내용들이다.

① 고양이도 잠을 잘 때 꿈을 꾼다? ············· O
② 고래도 냄새를 맡을 수 있다? ············· X
③ 오징어의 피는 푸른색이다? ············· O
④ 물고기는 혀가 없다? ············· O
⑤ 바나나도 씨가 있다? ············· X
⑥ 뱀은 뒷걸음질을 칠 수 없다? ············· O
⑦ 고래도 생선이다? ············· X
⑧ 원숭이는 지문이 없다? ············· O
⑨ 아라비아 숫자는 아랍인들이 만들었다? ············· X
⑩ 얼룩말의 줄무늬는 검정색이다? ············· X

○ 오른쪽의 유머엽서를 웃음이 필요한 고운님 손에 쥐어주세요!

19세와 20세의 차이

① 19세는 점심 언제 먹을지 고민하고,
　20세는 점심 뭐 먹을지 고민한다.
② 19세는 방송국에 연예인 보러 가지만,
　20세는 방청객 아르바이트하러 간다.
③ 19세는 신체검사를 받고,
　20세는 신검을 받는다.
④ 19세가 싫어하는 말은 [공부해라!],
　20세가 싫어하는 말은 [일찍 들어와라!]
⑤ 19세는 우체통에 학습지가 날아오지만,
　20세는 카드 고지서가 날아온다.
⑥ 19세는 술 마시면 다음날 자랑하지만,
　20세는 다음날 후회한다.
⑦ 19세는 화장할 때 큰마음 먹고,
　20세는 화장 안 할 때 큰마음 먹는다.
⑧ 19세는 숙제라 부르고,
　20세는 과제라 부른다.
⑨ 19세는 독서실에 다니고,
　20세는 도서관에 다닌다.
⑩ 19세는 수업시간에 깨우면 벌떡 일어나고,
　20세는 귀찮은 듯 돌아누워 버린다.

물고기 중에 가장 학력이 높은 고기는?

99 군것질하마

소금쟁이가 사랑을 한대요 믿으요?

에게게~!

*유머퀴즈 정답은 도낸이에게 물어보세요! 궁금해 죽어서...

POST CARD
우 표 알 서

To.

보내는 사람

받는 사람

 **유머훈련** 우리나라에서 없는 법 중, 꼭 필요한 법을 한가지 만들 수 있는 권한이 주어진다면?

 **OX퀴즈** 흑해의 [흑]자는 바다가 검다고 해서 흑해이다?
☞ X (거칠다는 뜻이다)

 **유머퀴즈** 가짜 휘발유를 만들 때 가장 많이 들어가는 재료는?

 **개그맨 따라잡기**

◀ 정답 참조하삼

청소년용 유머퀴즈 10선

① 길이가 2Km나 되는 발은? ………… (오리발/ 십리는 4Km)
② [훔친다]의 과거형은 [훔쳤다]이다. 미래형은? ……(형무소)
③ 허수아비의 아들 이름은? ………………………(허수)
④ [할아버지 발은 큰 발이다]를 4자로 줄이면? ……(노발대발)
⑤ 공부해서 남 주는 사람은? ……………………(교사)
⑥ [오리지날]이란? …………… (오리도 지랄하면 날 수 있다)
⑦ 천재 남편과 백치 아내 사이에서 태어난 아이는? ‥(갓난아이)
⑧ 세계에서 굶는 사람이 가장 많은 나라는? ………(헝가리)
⑨ 문어의 손과 발을 구별하려면? ……………………………
………………(몽둥이로 머리를 때려서 올라오는 것이 손)
⑩ 죽었다 깨어나도 못하는 것은? ……… (죽었다 깨어나는 것)

◉ 오른쪽의 유머엽서를 웃음이 필요한 고운님 손에 쥐어주세요!

거짓말이야!

① 정치가 : 난 한 푼도 안 받았어요.
② 교장 : 마지막으로 한마디만 간단하게 말씀드리면….
③ 기장 : 승객 여러분, 아주 사소한 문제가 발생했습니다.
④ 친구 : 이건 정말 너한테만 말하는 거야.
⑤ 간호사 : 이 주사 하나도 안 아파요.
⑥ 건설업자 : 혼을 담은 시공.
⑦ A/S기사 : 이런 고장은 처음 보네요.
⑧ 국회의원 : 당선되면 열심히 일하겠습니다.
⑨ 플레이보이 : 너를 사랑했기 때문이야!
⑩ 아파트 신규 분양 : 지하철역에서 걸어서 5분 거리

 유머퀴즈 가짜 휘발유를 만들 때 가장 많이 들어가는 재료는?

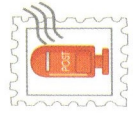

POST CARD
우편엽서

보내는 사람

받는 사람

To.

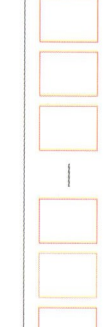

*야머퀴즈 정답은 보내이에게 물어보세요! [진짜유머] 중에서...

이중인격!

뛰어난 거짓말쟁이가 아니라면,
진실을 말하는 것이 최선의 방책이다.

누군가를 납치하여 방에 가두고 고문을 할 수 있다면,
누구를 어떤 방법으로 고문할까?

코피가 날 때 코를 뒤로 젖히면 멎는다?　　　☞ X

누구나 발벗고 나서야 할 수 있는 일은?

청소년용 OX 퀴즈 10선

① 독사가 개구리를 잡아먹다가 실수로 자기 혀를 깨물면 죽는다 ? O
② 북한 주민 이름 중,「김일성」과「김정일」이라는 이름이 있다 ? ⋯ X
③ 돼지저금통을 세계 최초로 만든 나라는 우리나라다 ? ⋯⋯⋯ X
④ 소화제는 식후 보다 식전에 먹는 것이 좋다 ? ⋯⋯⋯⋯⋯ O
⑤ 사슴은 쓸개가 없다 ? ⋯⋯⋯⋯⋯⋯⋯⋯⋯⋯⋯⋯⋯ O
⑥ 비행기에도 피뢰침이 있다 ? ⋯⋯⋯⋯⋯⋯⋯⋯⋯⋯ X
⑦ 쌍둥이는 지문이 같다 ? ⋯⋯⋯⋯⋯⋯⋯⋯⋯⋯⋯⋯ X
⑧ 원숭이도 사람처럼 후회를 한다 ? ⋯⋯⋯⋯⋯⋯⋯⋯ O
⑨ 포도당주사의「포도」자와 과일「포도」자는 한문으로 똑같다 ? ⋯ O
⑩ 곰 발바닥도 간지럼을 탄다 ? ⋯⋯⋯⋯⋯⋯⋯⋯⋯ O

❤ 오른쪽의 유머엽서를 웃음이 필요한 고운님 손에 쥐어주세요!

이유 같지 않은 이유

조직폭력배가 죽어서 저승사자 앞으로 갔다.

저승사자 : 너는 살면서 착한 일을 많이 했다고 생각하느냐,
　　　　　아니면 나쁜 짓을 더 많이 했다고 생각하느냐?

조　　폭 : 글쎄요, 저는 양쪽 똑같이 했다고 생각하는데요.

저승사자 : 오호! 어째서 그렇게 생각하느냐?

조　　폭 : 예, 저는 나쁜 짓을 하고 나면 꼭 뉘우치곤 했거
　　　　　든요.

누구나 발벗고 나서야 할 수 있는 일은?

POST CARD
우편엽서

보내는 사람

받는 사람

To.

* 유머퀴즈 정답은 보낸이에게 물어보세요! [진짜유머] 중에서...

적선!

향수(香水)는 살아있는 동안만 풍기지만,
선행은 죽은 후에도 풍긴다.

70 진짜유머

 큰 사고를 당하여 5감 중 한 개의 감각만 살릴 수 있다고 한다면 어떤 것을 살릴까?

 피는 물보다 진하니까 무게가 더 나간다?　☞ ○

 돼지가 열받으면 어떻게 될까?

정답 ◀

성인용 유머퀴즈 10선

① 도둑이 도둑질을 하다가 실수로 잠자는 사람의 목을 밟아 죽였다.
　　이 때의 죄목은?　　　　　　　　　　　　　(업무상과실치사)
② 떼돈을 벌려면?　　　　　　　　　　　　　　(때밀이를 한다)
③ 곤충 중 수컷만 있는 것은?　　　　　　　　　　(고추잠자리)
④ '고추잠자리'를 2자로 줄이면?　　　　　　　　　　　(팬티)
⑤ 법적으로 바가지 요금을 받아도 되는 사람은?　　　(바가지 장사)
⑥ 우리나라 최초의 기둥서방은?　　　　　　　　　(천하대장군)
⑦ 사업상 목욕을 할 수 없는 사람은?　　　　　　　　　(거지)
⑧ 피임약이 부작용을 일으키면 어떻게 되나?　　　　　　(임신)
⑨ 순전히 재수로 한 몫 보는 곳은?　　　　　　　　(재수생 학원)
⑩ 가슴이 아주 큰 여자가 널뛰기를 하고 나면 어떻게 될까?(눈탱이가 밤탱이가 된다)

● 오른쪽의 유머엽서를 웃음이 필요한 고운님 손에 쥐어주세요!

www.selfevent.com
www.hifun.co.kr

회화실력

　영어에 대해 열등감을 지닌 사오정이 회화공부를 시작했다.
　기초적인 회화 구문을 통째로 외워버리면 좋다는 말에 열심히 문장을 외우던 사오정이 어느 날 미국 여행을 가게 됐다.
　그런데, 아뿔싸…. 그만 교통사고를 당하게 됐으니…. 도로에 쓰러져 피를 흘리며 고통스러워하는 사오정에게 미국 교통경찰이 달려와 근심스레 물었다.
"How are you?"
　사오정은 열심히 외운 대로 이렇게 대답했다.
"Fine, thank you, and you?"

 돼지가 열받으면 어떻게 될까?

POST CARD
우편엽서

To.

받는 사람

보내는 사람

*야매퀴즈 정답은 보내이에게 물어보세요! [진짜야머] 중에서...

FUN FUN TV!

졸음운전!

가장 시급한 조기 교육은 외국어와 예체능이 아닌 교통안전 교육이다.

매일같이 반복해야 하는 일 중 한 가지를 영원히 하지 않아도 된다면 무엇을 그만둘까?

위장약은 우유와 함께 먹는 것은 좋지 않다?   ☞ ○

사람의 몸에서도 만들어질 수 있는 기름은?

물대◀

성인용 OX퀴즈 10선

① AIDS 환자를 물은 모기에게 물리면 감염된다? ………… X
② AIDS 환자와 악수를 하면 감염된다? ……………… X
③ AIDS 환자와 같은 변기를 사용하면 감염된다? ……… X
④ AIDS 환자와 함께 수영을 하거나 목욕을 하면 감염된다? ‥ X
⑤ AIDS 환자와 함께 엘리베이터를 타면 감염된다? ……… X
⑥ 사랑을 하면 예뻐진다? ……………………………… ○
⑦ 키스를 많이 할수록 수명이 늘어난다? ……………… ○
⑧ 사우나를 자주하면 정자수가 줄어든다? …………… ○
⑨ 사춘기 전에 고환을 잃어버리면 변성기는 안온다? …… ○
⑩ 웅담은 정력과 아무 상관이 없다? ……………………… ○

○ 오른쪽의 유머엽서를 웃음이 필요한 고운님 손에 쥐어주세요!

화장실의 10가지 감정

① 당황 : 급해서 찾아간 화장실 문 앞에 사람들이 줄줄이 줄을 섰을 때.
② 갈등 : 변기통 속에 빠져버린 500원 짜리 동전을 주워야 하나 말아야 하나.
③ 슬픔 : 쏟아 부은 힘보다 성과(?)가 미약할 때.
④ 상쾌 : 예상보다 많은 양의 물건(?)을 처리할 때.
⑤ 불쾌 : 옆 칸 사람의 볼 일 보는 소리가 너무 요란할 때.
⑥ 배신 : 늦게 온 사람이 나보다 먼저 들어갈 때.
⑦ 불안 : 끝내려면 아직도 멀었는데 밖에서 여러 사람들이 기다릴 때.
⑧ 미안 : 공 들여 힘 조절하고, 조준까지 했건만 변기 가장자리에 그걸 묻혔을 때.
⑨ 황당 : 끝내고 바지를 올리는 순간 뒷 주머니에 있던 지갑이 변기 안으로 빠질 때.
⑩ 죄송 : 아주 진한 향기를 남기고 나오며 다음 사람의 얼굴을 쳐다볼 때.

사람의 몸에서도 만들어질 수 있는 기름은?

POST CARD
우편엽서

To.

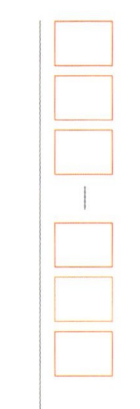

* 유머퀴즈 정답은 보내이에게 물어보세요! [진짜유머] 중에서...

1급 비밀!

인간은 예전부터 화장실 가는 일은
면제받지 못했다.

유머훈련 | 목욕탕에서 나와 옷장을 열어보니 아뿔싸, 옷이 몽땅 없어졌다. 어떻게 할까?

OX퀴즈 | 말도 잠을 잘 때는 사람과 같이 코를 곤다?

유머퀴즈 | 나는 참새와 나는 독수리의 정면 충돌은 무슨 현상?

▶ 정답 옆면 참조

신선도 유지하기

　필자가 이 책에서 사오정시리즈나 만득이시리즈 또는 최불암시리즈나 참새시리즈를 늘어놓는 다면 독자들은 책을 덮어버릴 것이다. 재방송 보면서 흥분하는 사람 없듯이 지나간 유머를 듣고 웃는 사람 없다. 왜냐하면 두 번째 듣는 유머는 강도가 반 이하로 떨어져 썰렁해지기 때문이다.
　야채나 생선처럼 유머도 신선도를 유지해야 한다. 그렇지 않으면 망가지기 일쑤다. 대상에 따른 유머의 유통기한(?)은 다음과 같다.
① 네티즌 : 유통기한이 일주일밖에 안 된다. 왜냐하면 정보가 광속도로 왔다 갔다하고 있 기 때문이다.
② 신세대 : 유통기한이 보름정도는 간다. 왜냐하면 자신이 하는 업무가 있기 때문에 유머에만 몰입할 수 없기 때문이다.
③ 쉰세대 : 유통기한? 통조림이다. 따지만 않으면 엄청 오래 버틸 수 있다.

머피도 놀란 징크스 10가지

① 치과병원이 문 닫는 토요일 오후부터 치통은 시작된다.
② 라디오를 틀면 언제나 제일 좋아하는 노래의 마지막 부분이 흘러나온다.
③ 헤어스타일을 바꾸려 미장원으로 향하면, 만나는 사람마다 스타일 멋지다고 한다.
④ 펜이 있으면 메모지가 없고, 메모지가 있으면 펜이 없고, 펜과 메모지가 있으면 메모할 일이 없다.
⑤ 편지를 풀칠로 봉한 직후에 기가 막힌 문구가 떠오른다.
⑥ 집에 가는 길에 먹으려고 생각한 초콜릿은 언제나 쇼핑백의 맨 밑바닥에 깔려 있다.
⑦ 버스 안에서 오래간만에 듣는 좋은 노래가 나올라치면 꼭 정류장 안내방송이 나온다.
⑧ 쇼핑하면서 좀 창피하다고 생각되는 물건일수록 계산대의 바코드가 잘 찍히지 않는다.
⑨ 양손에 들고있는 물건이 무거울수록, 옮겨야 하는 거리가 멀수록 코는 더 가렵다.
⑩ 코를 심하게 고는 쪽이 꼭 먼저 잔다.

유머퀴즈 | 나는 참새와 나는 독수리의 정면 충돌은 무슨 현상?

POST CARD
우편엽서

보내는 사람

받는 사람

To.

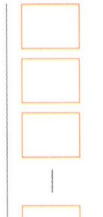

*유머퀴즈 정답은 보내어주세요! [진짜유머] 중에서...

제기랄!

운명은 용기 있는자 앞에서 약하고,
비겁한 자 앞에서는 강하다.

 단 한 사람의 머릿속에서 나에 대한 모든 기억을 지워버릴 수 있다면 누구를 선택할까?

 찬물이 뜨거운 물보다 더 빨리 언다? ☞ X

 사과 5개 중 3개를 먹으면 몇 개가 남나?

◀ 뒷면에 정답 있거나!

때와 장소 가리기

친구들 중에는 앞뒤 못 가리고 유머를 날리는 친구가 꼭 있기 마련이다. 물론 웃음보가 자극을 받았기 때문에 웃음은 나오지만, 이야기 허리가 다 끊기고 봉합(?)도 잘 안 된다. 이런 친구는 어디 놀러갈 때나 연락하게되지 내가 속내를 털어놓을 깊은 고민거리가 있을 땐 이런 친구는 찾지 않는다.

유머를 구사할 때 주의할 점은, 때와 장소를 가리지 않고 하는 스킨십과는 달리 [지금은 유머를 할 때인가?] [이 곳은 유머가 필요한 장소인가?]를 판단해야 한다. 왜냐하면 때와 장소를 못 맞춘 유머는 천덕꾸러기가 되기 때문이다. 때와 장소를 못 가리는 친구는 반쪽 짜리 친구가 되듯이, 때와 장소를 못 가리는 유머도 반쪽 짜리 유머다. 상갓집에 문상을 가서 개그를 할 리는 없지만, 때와 장소를 못 가리는 유머도 이에 못지 않는 심각한 결과를 낳는다.

 오른쪽의 유머엽서를 웃음이 필요한 고운님 손에 쥐어주세요!

www.selfevent.com
www.hifun.co.kr   77

숫자학교 1

1부터 9까지 숫자가 다니는 숫자초등학교 이야기입니다.

0 : 어~, 8형님 아니야? 형님, 나가주세요. 여기는 유치원이에요.
8 : 나 0인데, 허리띠 매고 온 거야.

3 : 앗, 여기는 3학년 교실인데 8형님이 웬일이세요?
8 : 나 3인데, 여자친구랑 껴안고 있는 거야!

9 : 어, 중학교 다니는 11형님이잖아? 형님, 여기는 초등학교예요.
11 : 선배님, 저희는 1인데요. 얘랑 저랑 단짝이라서 이렇게 붙어 다니는 거예요.

 사과 5개 중 3개를 먹으면 몇 개가 남나?

POST CARD
우 편 엽 서

보내는 사람

받는 사람

To.

*유머퀴즈 정답은 보내에이에게 물어보세요! [진짜유머] 중에서...

FUN FUN TV!

샴자동차!

두 사람 사이에 침묵마저 편안하다면
그들은 진정한 친구다.

유머운련 스포츠 관련 세계 기록 중 직접 깨버리고 싶은 기록이 있다면 어떤 종목의 기록인가?

OX퀴즈 문어의 다리는 8개인데, 이 문어의 다리는 머리에서 나온다?

유머퀴즈 서울에서 집 값이 제일 싼 곳은?

개그매 따라잡기

▶ 울릉도 독도 서기울음

유머의 에티켓

유머는 대화에 있어서 차지하는 비중이 아주 크다. 앞으로 세월이 가면 갈수록 더 커진다. 그렇기 때문에 에티켓을 갖추는 것이 필요하다.

필자가 어느 약혼식 사회를 볼 때의 일이었다. 약혼식 선언, 양가친척 소개, 예비 신랑신부 소개, 예물교환... 등의 식순이 진행된 후, 식사 전 약혼을 축하하는 축가(祝歌) 순서가 있었다. 어느 예비 신랑 친구가 일어나 정중하게 인사를 하고 난후 축가를 부를 부르는데, 아이 고야~ #@%$&^@ ~ [배신자] (얄밉게 떠난 님아~~~)를 부르는 것이 아닌가!!! 약혼식 분위기가 완전히 엉망이 되었다. 그 분위기를 수습하는 데 진땀을 흘렸던 경험이 있다. 물론, 그 노래를 노래방에서 불렀다면 많은 박수를 받았을 노래실력 이였었지만...

유머든 노래든 앞뒤 못 가리고 에티켓 없이 나서는 마음만으로 튀려(?)하면 큰 봉변을 당할 수도 있다. 축구경기에서 너무 오버하면 헐리웃 액션으로 지적 받고 곧바로 레드카드를 받아 퇴장 당하게 되는 것과 같다.

숫자학교 2

9가 지나가고 있는데 갑자기 누가 뒤통수를 치는 것이었다. 돌아보니 7이었다. 후배 놈이 감히 선배 머리를 때리다니 싶어서 야단을 치려는데 7이 말했다.
"임마! 너 앞머리 말았지?"
7은 9에게 흠씬 얻어맞았다.

억울한 7이 이번에는 6을 발견하고 설욕에 나섰다.
"야, 6! 너는 선배가 지나가는데 인사도 안 해?"
그러자 6이 말했다.
"물구나무서기하고 있는데 누가 방해하는 거야?"

유머퀴즈 서울에서 집 값이 제일 싼 곳은?

POST CARD
우 편 엽 서

받는사람

받는사람

To.

*유머퀴즈 정답은 보낸이에게 물어보세요! [진짜유머 중에서...]

FUN FUN TV!

슈퍼맨의 비애!

선배의 실패담을 모으는 것은 커다란 전략을 세우는 것이다.

80 진짜유머

통일이 되면 좋은 점과 나쁜 점은 어떤 것들이 있을까?

백년 전쟁은 백 년이 걸렸다?
☞ X (1339년~1453년으로 114년임)

우리 몸에서 쇳덩어리보다 강한 것은? 수염이다. 왜?

◀ 웃음유발 통로 하구매서

생생한 느낌 피하기

느낌이 좋지 않은 생생한 유머는 피해야 한다. 분위기를 망치거나 뒤돌아 서면 욕을 먹기 십상이다. 예를 들어, 배탈이 나서 나오는 설사를 [갈아만든 똥]이라고 단타(난센스 퀴즈)를 날리면, 웃기는 소리는 될 수 있어도 돌아서면 느낌이 개운하지 않다. 유머는 느낌이 중요하다.

또 다른 예를 들어보자, 추운 겨울날 포장마차에 들러 양념이 잘 된 [닭똥집]과 [닭발]은 너무나 맛있다. 게다가 [직불구이]가 아닌가?

그런데 이 것들은 [치질 걸린 닭똥집] 또는 [무좀 걸린 닭발]이라고 한다면, 공짜로 줘도 안 먹는다. 표현에 있어서 느낌이 좋지 않은 것들은 전부 폐기 처분해야 한다.

성경말씀

입영통지서를 받은 뺀질이가 징병관 앞으로 전보를 쳤다.

뺀질이 : 소집에 응할 수 없어 유감임. 누가복음 14장 20절을 참조하기 바람.
– 징병관이 성경을 찾아보니 이렇게 쓰여 있었다.
"내가 장가들었으므로 가지 못하겠노라."
– 얼마 후 뺀질이에게 국방부의 징병관으로부터 회신이 왔다. –

징병관 : 귀하의 전문에 관하여 마태복음 8장 9절을 참조하기 바람.
– 뺀질이가 성경을 찾아보니 이런 내용이었다. –
"나는 수하에 병사들을 두고 있어 내가 이 사람더러 가라 하면 가고, 오라 하면 오느니라."

추신 : "빨리 와, 따샤!"

우리 몸에서 쇳덩어리보다 강한 것은? 수염이다. 왜?

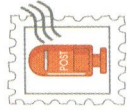

POST CARD
우편엽서

받는 사람

보내는 사람

FUN FUN TV!

같이보자!

사람이 만든 책보다,
책이 만든 사람이 더 많다.

To.

*유머캐즈 정답은 보내어께 물어보세요! [진짜유머] 중에서...

82 진짜유머

유머훈련 좋은 친구가 되기 위한 자질 중, 가장 중요한 것은 무엇일까?

OX퀴즈 개 발바닥에도 땀이 난다?　　☞ X (땀샘이 없다)

유머퀴즈 우리 몸에서 돌보다 단단한 것은 머리카락이다. 왜?

개그맨 따라잡기

음담패설(淫談悖說) 안 하기

음담패설이란 무엇인가? 이것은 문학 작품에 있어서 [예술]과 [외설]의 차이처럼 애매모호(曖昧模糊) 하기도하고 구분도 잘 안 된다.
그러나 다음의 개념을 갖는다면 확연히 구분 지을 수 있다.
음담패설이란 성에 관련된 이야기를 너무 노골적으로 까발리거나 천박스럽게 표현하게 되면 음담패설이 된다.
예를 들면, 모유의 장점 중에 [도둑맞을 염려가 없다]는 항목이 있는데 이것을 [가끔가다 옆집아저씨에게 도둑을 맞는다]라고 한다면 웃기는 이야기는 될 수 있을지는 몰라도 이것은 불륜(不倫)이기 때문에 음담패설이 된다.
중요한 이야기라 밑줄을 긋는다.
음담패설은 [성에 관련된 이야기를 노골적으로 까발리거나, 천박스럽게 표현하면 음담패설이 된다!] 성인유머에서 항상 주의해야 할 사항이다.

유치원 영어

다섯 살 난 조카가 유치원에서 배운 짧은 영어를 대학생인 삼촌에게 자랑하느라 이런저런 문제를 냈다.

조카 : 삼촌! 삼각형이 영어로 뭔 줄 알아?

삼촌 : 글쎄.

조카 : "트라이앵글"이야.
　　　－ 우쭐해진 조카에게 이번엔 삼촌이 물었다. －

삼촌 : 그럼 동그라미는 영어로 뭐 ~ 게?
　　　－ 당황하는 기색을 보이던 조카가 대답했다. －

조카 : 탬버린!

우리 몸에서 돌보다 단단한 것은 머리카락이다. 왜?

POST CARD
우편엽서

보내는 사람

받는 사람

To.

* 유머퀴즈 정답은 보낸이에게 물어보세요! [진짜유머] 중에서...

으랏차차!

일을 잘한다는 것은 자신이 배운 지식을
정확히 활용할 수 있다는 것이다.

84 진짜유머

최소한의 비용으로 데이트를 즐길 수 있는 방법이 있다면 어떤 방법이 있을까?

낙지의 심장은 1개다?　　　☞ × (3개나 된다)

프로 권투의 대전료 계산 방식은 어떤 방식일까?

◀ 호감남녀

인신공격 안 하기

　말에 의한 상처는 칼에 의한 상처보다 더 깊고 오래간다. 한 번 비수로 꽂히고 나면 무덤까지 갖고 간다.
　친구 중에는 이런 친구가 꼭 있다. 유머를 구사한답시고 어떤 한 사람(친구)을 바보로 만들어 주위의 모든 사람들과 함께 낄낄대고 웃는 경우가 종종 있다. 이렇게 되면 특정인을 제외한 모든 사람은 웃겠지만, 특정인의 가슴에 비수를 꽂는 것이다. 정도가 가벼우면 그냥 넘길 수도 있지만 그렇지 않고 심하면 도마 위에 오른 사람은 평생 지울 수 없는 마음의 큰 상처를 입는다. 이런 식으로 매일매일 대상을 바꿔 가며 보름만 계속한다면, 그 사람은 어느새 독립군이 된 자신을 발견할 것이다. 이런 성격의 소유자는 별로 좋은 성격이 아니기 때문에 빨리 고쳐야 한다. 인신공격형 유머는 악질중 악질 유머이다.

너무 비싸

삼순이는 몇 달째 집을 나가 들어오지 않는 남편 삼돌이를 찾기위해 광고를 낼 생각으로 신문사에 전화를 했다.

삼순 : 광고 게재료는 얼마나 되지요?

광고 담당자 : 센티미터당 1만원입니다.

삼순 : (깜짝 놀라며) 하나님 맙소사!

"우리 남편의 키는 1m 80cm 라구요!"

프로 권투의 대전료 계산 방식은 어떤 방식일까?

POST CARD
우편엽서

To.

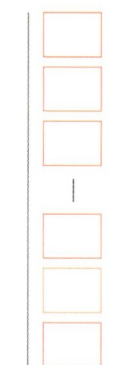

*유머퀴즈 정답은 보낸이에게 물어보세요! [진짜유머] 중에서...

어부바!

**결혼의 성공은 적당한 짝을 찾기보다는
적당한 짝이 되는 것이다.**

 입산수도(入山修道)로 독심술(讀心術)을 터득했다.
제일 먼저 누구의 마음을 읽을까?

 머리카락을 자주 자르면 더 빨리 자란다? ☞ ○

 만두장사가 제일 싫어하는 말은?

▶ 눈치채샤

선전 포고 안 하기

영화광고를 보고 영화관엘 갔다가 실망하고 나온 경험은 누구나 있다. 영화광고의 선전포고(예고편이나 카피문구...)에 현혹되어 잔뜩 기대할수록 실망감은 더 커진다. 이것은 돈 버리고 시간 날린 셈이다. 아깝다...

유머를 구사할 때도 마찬가지다. "야! 너희들 이리 모여봐 내가 웃기는 얘기 해 줄게!" 이런 선전포고는 하지 마라. 이 말을 먼저 하고 나면 이야기를 들으려 모인 사람들은 심리적으로 [그래? 니가 얼마나 나를 웃기나 두고 보자!]하고 유머 감각에 굳은살이 올라 유머의 강도가 떨어진다. 그렇게 되면 웬만한 강도로는 웃길 수 없게 된다. 느닷없이 유머가 나와야 큰 효과를 거둘 수 있다.

○ 오른쪽의 유머엽서를 웃음이 필요한 고운님 손에 쥐어주세요!

길 가다가 가려우면

군대에서 행군 중이었다.

장교 한 사람이 아까부터 계속 철모를 벅벅 긁어대고 있었다.

옆에 있던 사병이 이상히 여겨 장교에게 물었다.

사병 : 장교님, 지금 뭐 하십니까?

장교 : 응, 머리가 가려워서 그래.

사병 : 아이쿠, 이런! 그럼 철모를 벗고
긁으셔야죠?

장교 : 이런 바보봤나,
그럼 넌 길 가다가 엉덩이가
가려우면 바지 벗고 긁냐?

 만두장사가 제일 싫어하는 말은?

POST CARD
우편엽서

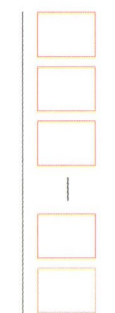

To.

*유머퀴즈 정답은 보낸이에게 물어보세요! [진짜유머] 중에서...

쌌다!

사람은 생긴대로 놀지만, 논대로 생긴다.

유머훈련: 지구상에서 인간의 생명을 위협하는 수많은 것들 중 한가지를 영원히 없앨 수 있다면?

OX퀴즈: 12년 산 양주를 사서 10년을 소장하면 22년 산 양주로 된다?
☞ X

유머퀴즈: '옷을 모두 벗어버린 남자를 그린 그림'을 4글자로 줄이면?

개그맨 따라잡기

하트와 마인드

미국에서는 파티가 생활화 되어있다. 그 중에 하나, 집에 남아 있는 음식 재료나 자신이 잘 만드는 음식을 한 가지씩 준비해 함께 모여 파티를 여는 데, 이것을 [포트럭 파티]라고 한다. 10명이 모이면 10가지의 맛있는 음식이 생기는 것이다. 이와 같이 유머도 친구나 동료들끼리 모일 때마다 유머를 한 가지씩 준비해서 모인다면 [포트럭 유머]를 즐길 수 있다. 10명이 모이면 10개의 레퍼토리가 생기게 되고, 10개의 밑천이 되는 것이다. 유머 감각을 키우는데 큰 효과가 크다.

[포트럭 유머]를 할 경우의 주의사항은 상대방이 준비해온 유머에 대해서로 절대로 비난하면 안 된다. 그러나 건전한 비평으로 다음 번 유머준비에 도움을 주어야 한다. 이렇게 1개월 정도 꾸준히 하면 유머 감각이 자신도 모르게 발전해 있는 모습을 발견하게 될 것이다.

○ 오른쪽의 유머엽서를 웃음이 필요한 고운님 손에 쥐어주세요!

책임졌네!

그날도 만년 계장 칠복이는 부하직원들과 함께 3차로 향하며 말했다.

칠복이 : 야, 너희들 나 책임질 수 있어? (딸꾹!)

부하들 : 그럼요, 걱정 꽉 붙들어 매십시오.

– 결국 칠복이는 술을 마시다 잠이 들어 골아 떨어지고 말았다. 다음날 아침 서늘한 한기에 잠을 깼다. 칠복이는 자신의 배 위에 올려진 짤막한 메시지와 함께 도로 위에 누워 있는 자신을 발견했다.

"**밟지 마시오!**"

유머퀴즈: 옷을 모두 벗어버린 남자를 그린 그림을 4글자로 줄이면?

POST CARD
우편엽서

받는사람

보내는사람

To.

*유머퀴즈 정답은 보낼이에게 물어보세요! [진짜유머 중에서...]

FUN FUN TV!

병(病)!

남편이 마신 술의 양과
아내가 흘린 눈물의 양은 비례한다.

유머훈련 미래 중 어느 하루만 미리 알 수 있는 쿠폰이 있다.
어떤 날을 알고 싶은가?

OX퀴즈 사람의 5감(시각, 후각, 미각, 청각, 촉각) 중에서 가장 먼저
나빠지는 감각기관은 시각이다. ☞ ○

유머퀴즈 사격을 할 때 한 쪽 눈을 감는 이유는?

개그맨 따라잡기

▶ 뒤 쪽곡을 참고하십시요

유머와 안면 근육

　사람의 안면 근육은 약 80개가 있다. 이 중 대화를 나눌 땐 15개 정도의 안면근육을 사용하게 되고, 웃을 땐 35개(호탕하게 웃을 때) 정도의 안면근육을 사용하게 된다. 그런데 사람은 나이가 들수록 잘 웃지도 않고, 안면근육을 잘 사용하지 않으려는 경향이 있기 때문에 안면근육이 굳어버려 밥 먹을 땐 자신도 모르게 입가로 국물이 흘러내리고 밥알이 떨어진다. 이와 같은 현상은 안면 근육이 굳어진 것이지 나이를 많이 먹어서 일어나는 것이 아니다.

　사람의 근육은 쓰면 쓸수록 탄력이 붙어 유연해지고 건강한 아름다움을 준다. 웃으며 살아온 얼굴과 무표정 또는 인상을 쓰면서 살아온 얼굴은 한 눈에 알아 볼 수 있다.

　세월이 흘러 만들어진 얼굴 표정은 그 사람의 이력서이자 청구서이다.

○ 오른쪽의 유머엽서를 웃음이 필요한 고운님 손에 쥐어주세요!

www.selfevent.com
www.hifun.co.kr

가장 확실한 예언

　많은 사람들이 전쟁이 언제 끝날지 몰라 매우 불안해하고 있었다. 그런데 한 정치가가 전쟁이 두 달 안으로 종결될 것이라고 큰소리를 치고 다니는 것이었다. 기자가 그를 찾아 인터뷰를 했다.

기　자 : 많은 군사전문가들도, 심지어 점쟁이들까지도 예측하지 못하고 있는데, 어떻게 그런 확신을 하실 수 있는 거죠?

정치가 : 이번 전쟁에, 우리 둘째 아들놈이 참가했기 때문입니다.

기　자 : 네?

정치가 : 그 녀석은 직장이든 뭐든 두 달 이상 넘기는 꼴을 내가 못 봤거든요.

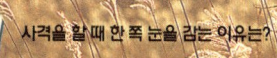
사격을 할때 한 쪽 눈을 감는 이유는?

POST CARD
우 편 엽 서

보내는 사람

받는 사람

To.

*유머퀴즈 정답은 보낸이에게 물어보세요! [진짜유머 중에서...]

FUN FUN TV!

전투기 주차장!

전쟁에서 승자는 없다.
다만 살아 남은 자 뿐이다.

92 진짜유머

'공부만 시키는 학교는 싫다!' 자신이 학교를 설립한다면 어떤 학교를 설립하겠나?

백설공주에 나오는 일곱 난쟁이의 직업은 광부였다? ☞ ○

어린이들이 가장 많이 사는 항구는?

▶ 인쳔(동전)

신이준 최고의 선물

　신이 밤에게 선물을 주셨는데, 어두운 밤하늘을 밝히는 [달과 별]이다. 그래서 사람들의 시선을 모은다.
　신이 낮에게 선물을 주셨는데, 온 세상을 아름답게 꾸미는 [꽃과 나비]이다. 그래서 사람들의 관심을 끈다.
　신이 인간에게 선물을 주셨는데, 모든 것을 받아들이는 [사랑과 웃음]이다. 그래서 사랑하는 사람끼리 만나면 웃음꽃이 핀다.
　신이 인간에게 준 최고의 선물중의 하나인 웃음은 [적]을 [동지]로 만들 수 있고, [분열]을 [화합]으로 바꿀 수 있고, [미움]을 [사랑]으로 녹이는 힘을 갖고 있다.

❤ 오른쪽의 유머엽서를 웃음이 필요한 고운님 손에 쥐어주세요!

지짐이

영어 시험시간이었다.

삼식이 : 8번 문제 'before'의 뜻이 뭐야?

똘똘이 : (조용히) 젼이야!

― 시험이 끝나고 ―

선생님이 삼식이를 불렀다.

"요놈! 8번 답을 '지짐이'라고 쓴 놈이 네놈이지?"

어린이들이 가장 많이 사는 항구는?

POST CARD
우편엽서

보내는 사람

받는 사람

To.

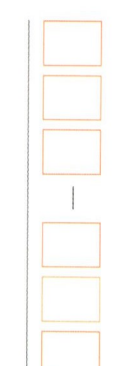

*유머퀴즈 정답은 보낸이에게 물어보세요! [진짜유머 중에서...]

CD굽기!

정확한 정보 입수에 뒤떨어지면
통장 잔액이 줄어든다.

 이 세상에서 가장 두려운 것은 무엇일까?

 비행기의 블랙박스는 검은색이다?　☞ ✕ (오렌지색)

 사람의 목숨을 살리는 춤은?

정답 : 묵숨

유머와 범죄

유머 감각 있으면 인기 [짱!] 없으면 [꽝!]이다.
　철새들이 그렇게 먼 거리를 날아갈 수 있는 것은, 철새들이 기류를 타고 다니기 때문이지 날갯짓만으로는 도저히 못 날아간다. 이 말은 사람이 성공을 하려면 주변 환경을 이용할 줄 알아야 하고 주변 사람들로부터 협조를 받아야 된다는 말이다.
　피카소에게 붓이 없다면 말이 안 된다. 현대인에게 유머 감각이 없어도 마찬가지다. 성공을 향해 달리는 사람이 유머 감각이 없다면 성공을 바라고 있다는 자체가 무리다.
　실화다. 일본의 외무장관이 미국 의회에서 연설을 마친 후, 미국 기자에게 자신의 연설문이 어땠냐고 물었다. 그런데 미국 기자는 다음과 같이 말했다. "내가 30분 동안 당신의 연설을 귀를 기울여 들었는데 유머가 한 번도 없었습니다. 이건 범죄행위입니다."

낙하산이 안펴져요!!

어떤 부대의 군인들이 비행기를 타고 낙하하는 훈련을 하고 있었다. 장교가 신호를 보내면 사병들이 천천히 비행기 밖으로 뛰어내려 낙하산을 펼치는 것이 훈련의 과정이었다. 그런데 한 명이 자기 차례가 돼 비행기 밖으로 뛰어내렸는데 낙하산이 안 펴지는 것이었다!

사 병 : (떨어지며) 장교님!! 낙하산이 안 펴집니다~
　　　　아 아 아 아 아 아 아!!!

-그때 장교가 떨어지는 군인을 보며 다급하게 외쳤다.

장 교 : 다시 올라와~아 아 아!!!!!

 사람의 목숨을 살리는 춤은?

POST CARD
우편엽서

To.

* 유머퀴즈 정답은 보내이에게 물어보세요! [진짜유머] 중에서...

상상의 날개!

사람은 생각하고 상상한
그대로 인간이 된다.

 우리나라 역사 중 가장 창피스런 사건을 바꿀 수 있다면, 무엇을 어떻게 바꿀까?

 복제인간도 지문은 다르다?

 장난꾸러기 아이들이 좋아하는 불은?

롬ﾉﾉ롬ﾉﾉ ◀

음담패설은 신중하게

[성년](成年)은 사람으로서 지능이나 신체가 완전히 성숙한 나이를 말하고, [미성년](未成年)은 그 반대인데 법적으론 대개 만 20세를 기준으로 나눈다. 또 [성년]은 성생활을 해도 되는 나이의 사람으로 봐야하고, [미성년]은 육체적+정신적+사회적으로 아직 성생활을 하면 안 되는 사람을 말한다.

[성인]에게 있어서 성과 관련된 이야기만큼 관심을 끄는 이야기는 없다. 음담패설(淫談悖說)은 [성인]들이 즐길 수 있는 성에 관련된 이야기 중, 듣고 나서 왠지 기분이 개운하지 않고 찝찝한 것이라고 위에서 밝혔다. 특히 예비군 훈련장이 이러한 것이 난무하는 대표적인 장소이다. 음담패설을 잘못 사용하면 본전도 못 찾는다. 본전은 둘째치고 낭패를 보는 일이 종종 있고, 낭패를 보는 것을 넘어 인간성을 의심받을 수 있다. 아주 친한 친구나 동료가 아니라면, 아예 생각조차 하지 말아야 할 것이다. 왜냐하면 애기를 듣는 동안에는 낄낄대고 웃지만 돌아서면 지저분한 놈이라고 낙인찍히기 때문이다.

● 오른쪽의 유머엽서를 웃음이 필요한 고운님 손에 쥐어주세요!

육·이오 표어

선생님 : 어제 선생님이 6·25에 대한 표어를 써오라고 숙제 내줬는데, 다들 해왔죠?

아이들 : 네―!

선생님 : 그럼 누가 먼저 발표할까?

아이들 : 저요! 저요!

선생님 : 덜렁이가 한번 큰소리로 말해봐요!

덜렁이 : (아주 큰소리로) 6·25는 무효다. 다시 한판 붙어보자!

 장난꾸러기 아이들이 좋아하는 불은?

POST CARD
우편엽서

받는 사람

보내는 사람

To.

*유머퀴즈 정답은 보내는이에게 물어보세요! [진짜유머] 중에서...

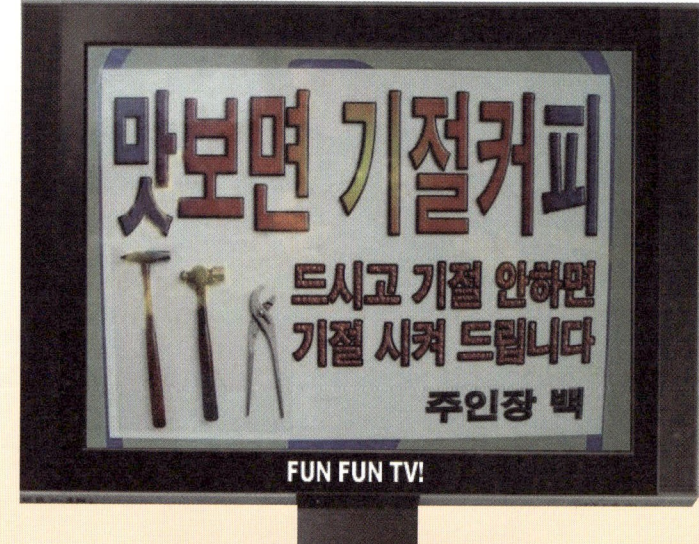

FUN FUN TV!

기절보장!

자기 의견을 큰 소리로 전달하는 사람은 자신감이 있어 보인다.

98 진짜유머

 인질범에게 잡혀있는 애인을 구하기 위해 시각과 청각 중 하나를 포기해야 한다면?

 자기 집에 복면을 하고 들어가 절도 짓을 하면, 형이 면제된다? ☞ ○

 호랑이에게 도전한 용감한 동물은?

◀ 웃음 쥐어짜기

예술과 외설

무엇이 예술이고 무엇이 외설인가? 참으로 오랜 역사(?)를 갖고 있는 논쟁거리다. 조크에 있어서 외설적인 내용을 [음담패설]이라 하고 영어약자로는 'EDPS'라고도 한다.

기억하시나요? 성적인 이야기를 노골적으로 까발리거나 천박스럽게 표현하면 음담패설이 된다는 것을...

혹자는 비디오나 영화의 [예술]은 한 번 보면 가슴으로 [찡]한 감동이 오는 것이고, [외설]은 한 번 보면 아랫도리로 [찡]한 감동이 오는 것이라고 한다. 재미있는 이야기다. 몇 가지 더 소개하면,

① 풍경이 많으면 예술, 광경이 많으면 외설.
② 본 사실을 자랑스럽게 말하면 예술, 감추면 외설.
③ 보면서 눈물을 흘리면 예술, 침을 흘리면 외설.
④ 화면이 전체적으로 뿌여면 예술, 중요부분만 뿌여면 외설.
⑤ 비디오집 주인이 잠자고 있으면 예술, 빨리 갖고 오라고 닥달을 하면 외설.

어떤 속보

"테러범들이 지금 국회의사당을 점령한 채, 많은 국회의원들을 인질로 잡고 있다는 소식이 들어왔습니다.

그들은 자기들의 요구가 관철되지 않으면 10분에 한 명씩 국회의원들을 풀어주겠다고 협박하고 있습니다."

 호랑이에게 도전한 용감한 동물은?

POST CARD
우편엽서

보내는 사람

받는 사람

To.

* 유머퀴즈 정답은 보낸이에게 물어보세요! [진짜유머] 중에서...

FUN FUN TV!

36계(鷄)!

공포는 겁쟁이를 용감하게 만든다.

100 진짜유머

유머훈련 아프리카 원주민에게 신발을 팔려면 어떤 점을 공략해서 선전해야 할까?

OX퀴즈 조류는 날아다니기에 가벼우라고 방광이 없다. ☞ ○

유머퀴즈 1년 12달 중, 여자들이 말을 제일 적게 하는 달은?

개그매 따라잡기

▶ 2월(28일까지 밖에 없으니까)

상사와 부하의 웃음

사회생활의 대화에 있어서 웃음은 약방의 감초를 넘어 약 자체이다. 일반적으로 상사와 부하간의 대화를 보면, 부하가 상사에 비해 약 3배정도 더 많이 웃는다. 이와 같은 현상은, 상사는 정말 웃겨야 웃는데 반해 부하는 조금만 웃겨도 폭소에 가까운 웃음을 웃는다. 아부 내지는 상사에 대한 배려라고나 할까…

그런데 실제로 건강을 챙기는 쪽은 부하 쪽이다.
아시나요?

웃음의 의학적, 정신적인 효과와 효능은 즐거워서 웃는 것을 100으로 놓고 볼 때 억지로 웃어도 90%에 가까운 효과와 효능이 있다는 연구결과가 나왔다는 것을…

우유를 받아먹는 사람보다 우유를 배달하는 사람이 더 건강한 것처럼…

❂ 오른쪽의 유머엽서를 웃음이 필요한 고운님 손에 쥐어주세요!

www.selfevent.com
www.hifun.co.kr

[창 밖을 보라] 한문 버전

창 밖을 보라 창 밖을 보라 흰눈이 내린다
窓 外部 觀察 窓 外部 觀察 白雪而 降下中
(창 외부 관찰 창 외부 관찰 백설이 강하중)

창 밖을 보라 창 밖을 보라 흰겨울이 왔다
窓 外部 觀察 窓 外部 觀察 東界時尊 開幕
(창 외부 관찰 창 외부 관찰 동계시즌 개막)

썰매를 타는 어린애들은 해가는 줄도 모르고
嫩車搭 乘中 幼稚園集團 時間 感覺 完全喪失
(눈차탑 승중 유치원집단 시간감각 완전상실)

눈길 위에다 썰매를 깔고 신나게 달린다
雪路邊 上端 嫩車始動後 悠悠自適 走行
(설로변 상단 눈차시동후 유유자적 주행)

유머퀴즈 1년 12달 중, 여자들이 말을 제일 적게 하는 달은?

POST CARD
우편엽서

To.

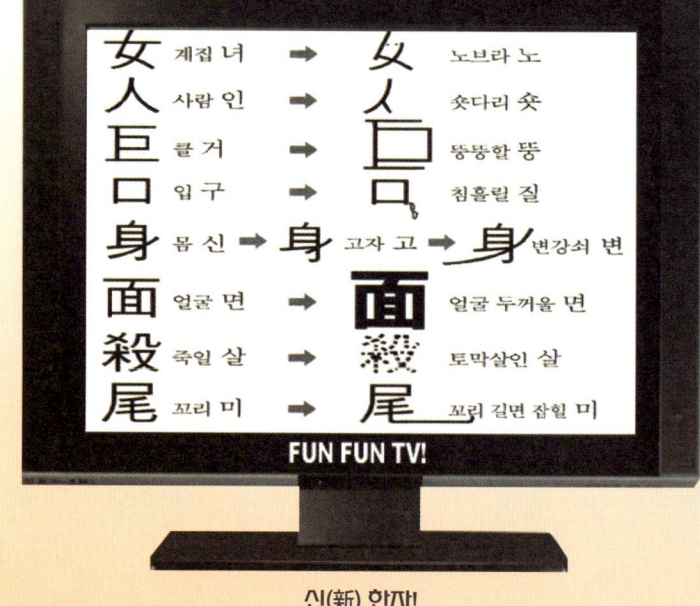

신(新) 한자!

상식에 얽매이지 않은 것이
창의력의 시작이다.

지금 이 순간 하나님께 한 가지 질문을 할 수 있다면, 무슨 질문을 할까?

여러 번을 강조할 때 골백번이라고 한다. 골은 10,000을 뜻한다?

눈뜨라는 말의 세계 공통어는?

10 vs 300

사람이 갖고있는 최고의 기능은 웃는 것이다. 어린 아이부터 노인에 이르기까지 모두 웃는다. 그러나 나이가 들어감에 따라 웃는 횟수가 줄어든다. 6세까지의 아이들이 하루에 웃는 횟수는 대략 300회나 되는데, 성인이 되어 나이가 들수록 점점 줄어들어 하루에 웃는 횟수는 7~10회로 줄어든다. 이렇게 갈수록 웃음이 줄어들다 보니 안면 근육(사람의 안면 근육은 약 80개)이 굳어져 대화를 할 때도 또렷하게 들리지 않고, 식사를 할 때도 국물이나 밥풀을 자주 흘리게 된다. 어떤 이는 식사 때 자신도 모르게 국물이 흐르는 것을 보고는 "나도 이젠 나이가 들었구나!"하고 푸념을 하는데, 이것은 안면 근육이 굳어서 나타나는 현상으로 나이와는 상관없다. 주변에 수다(?)를 많이 떠는 사람을 관찰해 보면 발음도 또렷하고 밥풀 한 톨도 흘리지 않고 식사를 하는 것을 볼 수 있다. 이것은 말을 많이 하다보니 웃을 일도 많고 안면근육을 많이 사용(수다를 떨기 위해)한 결과이다. 아무튼 많이 웃으면 안면근육도 유연해지고, 대화도 잘되고, 식사도 즐거워진다. 해맑은 미소를 가진 사람과 하루를 같이 지낼 기회를 갖는다면, 분명 웃음을 잃지 않고 사는 사람이라는 것을 곧 알게 될 것이다. 남자들이여, 여자의 수다를 비웃지 말고, 수다의 순기능을 배워라!

● 오른쪽의 유머엽서를 웃음이 필요한 고운님 손에 쥐어주세요!

주여! 내 기도에만

부도를 막기 위해 몇 억 원이 필요한 도산이가 그 돈을 구할 수 있게 해달라고 기도하러 교회에 갔다.

마침 그 교회에는 먼저 온 한 남자가 급한 빚 100만원을 갚게 해달라고 기도하고 있었다.

도산이는 지갑에서 100만원 짜리 수표를 꺼내 그 남자의 손에 쥐어주었다. 그랬더니 그 남자는 "주께서 응답하셨다"고 하면서 뛸 듯이 기뻐하며 교회를 나갔다.

교회 안이 텅 비어 혼자있게 된 도산이는 눈을 감고 기도했다.

"주여, 이제 제 기도에만 집중해 주십시오."

눈뜨라는 말의 세계 공통어는?

POST CARD
우편엽서

보내는 사람

받는 사람

To.

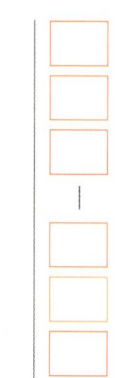

*유머퀴즈 정답은 보내이에게 물어보세요! [진짜유머] 중에서...

합심기도!

백년을 살 것처럼 일하고,
내일 죽을 것 처럼 기도하라.

아무도 만들어 내지 못한 것을 발명할 수 있는 능력이 있다면 무엇을 발명할까?

어두운 곳에서 글을 읽으면 눈이 나빠진다?　☞ X

[일요일]을 거꾸로 하면 [일요일]이다.
[쓰레기통]을 거꾸로 하면?

▶통기레쓰

미소에서 폭소까지

유머가 있는 사람은 어디를 가든 환영받고, 주변에 사람들이 항상 모여있다. 그러다 보니 자신의 뜻을 펼치기가 수월하고 상대방을 설득하기도 용이하고, 주변 사람들로부터의 협조도 잘 받는다. 유머가 이렇게 좋다보니 모든 사람이 유머를 날리는데, 한번 실수하면 뼈아픈 마음의 상처를 받고 스트레스를 받는다. 상황이 이렇다 보니 유머를 구사하는 사람들의 스트레스는, "내가 이 말을 해서 상대방이 폭소를 자아내지 않으면 어쩌지?"하는 걱정부터 앞서는 것이다. 그렇다고 유머를 안 할 수도 없는 노릇이고....

그러나 걱정할 것 하나 없다. 유머는 미소에서 폭소까지 모두 유머다. 그리고 사람은 두 가지 경우를 만날 때 웃는다. 하나는 정말 재미있어서 웃고, 다른 하나는 같잖아서 웃는다...

비록 썰렁한 유머라 할지라도 유머는 유머다. 자신을 갖고 덤비기 바란다. 바늘 도둑이 소 도둑(?) 되듯이...

● 오른쪽의 유머엽서를 웃음이 필요한 고운님 손에 쥐어주세요!

담배가 몸에 좋다면

① 어머니 : 얘야, 얼굴이 안 좋아 보이는구나. 담배 한대 피우고 공부하거라.
② 아버지 : 그래, 엄마 말 듣고 담배 한대 피워. 여보, 빨리 슈퍼에 가서 담배 한 갑 사오구려. 우리 애가 피우는 거로 말이오.
③ 줄담배를 피우는 친구에게 : 자식, 자기 몸은 되게 생각한다니까!
④ 친구병문안 가서 : 자식, 몸도 안 좋은데 담배나 한 갑 빨아라!
⑤ 환 자 : 고맙다. 내 생각 해주는 건 너 밖에 없어!

〈 화장실에서 담배를 피우는 학생을 선생님이 보셨다 〉
⑥ 선생님 : 야~ 이 자식 왜 공부를 잘하는가 했더니 화장실에서까지 담배를 피우네? 그래, 건강하면 공부도 잘하는 법이지!

〈 꽁초를 물고 있는 여자친구를 보았을 때 〉
⑦ 남자친구 : 필터를 끝까지 빨아. 그래야 아기도 잘 낳는데.
⑧ 여자친구 : 아이~ 몰라~. 나 요즘에 종류별로 피고 있단 말이야.
　　　　　　영양도 생각해야지. 호호 ~

[일요일]을 거꾸로 하면 [일요일]이다. [쓰레기통]을 거꾸로 하면?

POST CARD
우 편 엽 서

받는 사람

보내는 사람

To.

*유머퀴즈 정답은 보내이에게 물어세요! [진짜유머] 중에서...

FUN FUN TV!

맞대맞!

불행할수록 담배를 피우고,
담배를 피울수록 불행해 진다.

106 진짜유머

유머훈련 지금까지 들은 이야기 중 [이 세상에서 가장 슬픈 이야기]는 무엇인가?

OX퀴즈 사람에게 돋아나는 사마귀는 전염이 된다? ☞ ○

유머퀴즈 형제가 싸우는데 주위사람이 동생 편만 들어 주면 어떤 싸움이 될까?

개그맨 따라잡기

몽싸 극쟁균윤 ◀

필링(feeling)

유머가 썰렁해 지는 이유 중의 하나는 [필링]이 없기 때문이다. 음악에선 장단, 강약, 고저를 잘 갖추어야 하지만 유머엔 [필링]이 하나 더 더해져야 한다. 예를 든다면 추운 겨울날 눈 속을 헤매다 산장불빛을 찾아 간신히 목숨을 건진 이야기를 할 때, 온몸을 떠는 듯한 표정과 억양 그리고 약간은 몸서리치는 제스처를 곁들인다면 듣는 사람들은 정말 추운 느낌과 함께 안도의 한숨을 쉬게된다. 이렇게 나의 체험을 듣는 사람들과 함께 느낄 수 있는 교감(交感, Communication)이 이루어질 때 [필링]이 오는 것이다. 비록 주위들은 이야기라 할지라도 마치 자신이 겪었던 일처럼 목소리, 표정, 그리고 동작이 삼위일체가 되어 사실적, 입체적, 천변만화(千變萬化)적으로 유머를 구사해야 한다. 고급 기능이다.

좋은 것 같지만 써서는 안되는 말

① 선행을 베푸는 목사에게,
　[당신은 살아 있는 부처님입니다!]

② 올해 연세가 아흔 아홉이신 할머니께,
　[할머니, 백살까지 사셔야 해요!]

③ 직구밖에 못 던져 좌절하고 있는 투수에게,
　[당신은 정직한 분이군요!]

④ 매일 구타당하는 아내에게,
　[남편께서 무병장수하시기를 빕니다!]

⑤ 화상 입은 환자에게,
　[당신의 화끈함이 마음에 듭니다!]

⑥ 대머리 아저씨에게,
　[참석해주셔서 자리가 빛났습니다!]

⑦ 간수가 석방돼 나가는 전과자에게,
　[언제 한번 꼭 들러주세요!]

POST CARD
우편엽서

To.

* 유머퀴즈 정답은 보너스엽서에 물어보세요! [진짜유머 중에서...]

말조심!

좋은 말만 골라서 한다고 좋은
사람되는 것은 아니다.

지하철 승강대 반대편에 서 있는 애인에게 사랑한다는 신호를 보내려면 어떤 방법으로?

불을 자주 껐다 켰다하면 할로겐 램프의 수명이 단축된다?
☞ X

양초 곽에 양초가 꽉 차있을 때를 세자로 줄이면?

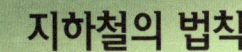

사투리

　어느 특정 지방에서만 쓰이는 말을 사투리라 하고, 그 사투리가 심하게 되면 도저히 무슨 말을 하고 있는지 알 수가 없다. 이 말은 각 지방 사람이 경험하고 느끼고 체험한 이야기들을 사투리에 담아 표현할 때, 그 지방의 말을 이해하지 못하면 절대로 제 맛이 느낄 수 없다는 말이다. 따라서 사투리를 구사하게 될 땐 그 지방의 사투리를 반복적인 훈련을 통해 능숙하게 구사할 수 있어야 강도를 높일 수 있다는 얘기다. 반면 사투리가 능숙하지 못하면 진짜 재미있는 유머도 썰렁해 진다. 또 같은 단어라 할지라도 사투리의 억양에 따라 맛이 전혀 달라진다. 강도 높은 유머를 위해 사투리 연습은 반드시 해야 한다. 반드시……
　　"나는 당신을 진정 사랑합니다."를 예로 든다면,
　　전라도 : 나는 당신을 겁나게 거시기 혀부러!
　　경상도 : 내 아를 나~ 도!

지하철의 법칙

① 승강장으로 뛰어 내려가면 지하철문이 닫히고 있다.
② 내 앞에 앉은 사람이 내리길 기다리며 서 있으면 그는 나와 같은 역에서 내린다.
③ 너무나 피곤할 때 자리를 잡으면 꼭 할아버지나 할머니가 내 앞에 오신다.
④ 신문을 사서 지하철을 타면 누군가 같은 신문을 선반 위에 놓고 내린다
⑤ 어깨 너머로 다른 사람이 보는 신문을 보면 볼거리가 너무 많다.
⑥ 그러나 그 볼거리를 다 보기도 전에 신문은 다음 장으로 넘어간다.
⑦ 졸고 있는 아저씨의 머리는 꼭 아가씨 쪽으로 기운다.
⑧ 내가 내리는 문은 무거운 짐을 올려놓은 선반의 반대쪽이다.
⑨ 뒤가 급해 지하철역 안의 화장실을 찾으면 검표소 안에 있다.
⑩ 지하철을 탔다가 뒤가 급해 내린 역의 화장실은 검표소 밖에 있다.

양초 곽에 양초가 꽉 차있을 때를 세자로 줄이면?

POST CARD
우편엽서

보내는사람

받는사람

To.

*유머퀴즈 정답은 뒷번호에게 물어보세요! [진짜유머] 중에서...

스턴트 가방!

잘못된 길로 가는 사람에게 필요한 것은 가속이 아니라 방향을 바꾸는 교육이다.

유머훈련 — 사랑하는 사람에게서 들은 말 중 가장 모욕적이라고 느꼈던 말은 어떤 것인가?

OX퀴즈 — 오이는 채소가 아니라 과일이다? ☞ ○

유머퀴즈 — 남자들의 신체 중, 꼭 필요치 않는 부분은 젖꼭지다. 그럼에도 불구하고 몸에 붙어 있는 이유는?

개그맨 따라잡기

▶웃기는 유머에 도전하기!

우기기

유머 구사시 우기면 곤란하다? 아니다. 재미있다. 그리고 잘만 우기면 말 된다. 웃음은 자연스럽게 만들어지기도 하지만, 어이없는 곳에서 엉뚱하게 만들어지기도 한다.

한 토크쇼에서, MC가 박찬호 선수의 어머니께 태몽(胎夢)은 무엇을 꾸었냐고 물었을 때, 박찬호 선수의 어머니는 [학(鶴)]이라고 대답했다. 이 대답을 들은 MC는 "그럴 줄 알았다."고 맞장구를 쳤고, 이에 박찬호 선수의 어머니는 의아한 표정을 지으며 "어떻게 알았냐?"고 물었다. 이 질문에 MC는 말했다.

"박찬호 선수가 공을 던지다 숨이 차면 [학] [학] 거리더라구요..."

우겼기 때문에 썰렁할 수도 있지만, 우기기 때문에 재미도 있었다. 그렇다. 유머는 논문이나 논리가 아니다. 밥먹듯이 생활화 된 자연스러운 상황을 만든다면, 어떤 소재로든 가볍게 말을 주고받고, 부담 없는 웃음을 만들 수 있다. 웃자고 하는 말이라면...

○ 오른쪽의 유머엽서를 웃음이 필요한 고운님 손에 쥐어주세요!

공처가의 항변

어떤 공처가의 집에 친구가 놀러갔다. 마침 그 공처가는 앞치마를 빨고 있던 중이었다.

친 구 : 한심하군! 마누라 앞치마나 빨고 있으니…….

— 이 말을 들은 공처가는 버럭 화를 내며 —

공처가 : 말조심하게 이 사람아!
　　　　내가 어디 마누라 앞치마나 빨 사람으로 보이나?
　　　　이건 내 꺼야! 내 꺼!!!

유머퀴즈 — 남자들의 신체 중, 꼭 필요치 않는 부분은 젖꼭지다. 그럼에도 불구하고 몸에 붙어 있는 이유는?

POST CARD
우편엽서

보내는 사람

받는 사람

To.

애인이 생기면!

사랑엔 미사여구가 필요없다.
단지 '사랑해!'라고 말만하면 된다.

*유머퀴즈 정답은 보낸이에게 물어보세요! [진짜유머] 중에서...

내일 신문에 1면 톱으로 나에 대한 기사가 실린다면, 그 기사의 제목은?

새는 뒤로도 날 수 있다?

용 두 마리가 죽을 각오로 싸운다면 결과는 어떻게 될까?

◀ 응용 놀이짱

어휘력

　많은 사람들의 시선을 받고, 설득을 잘 하는 사람들의 공통점은 어휘력이 좋다는 것이다.　유머에 있어서도 마찬가지로 어휘력이 좋은 사람이 그렇지 않은 사람보다 시선을 더 받고 호기심을 더 자극해 시선집중을 시킨다. 이렇게 시선을 모을 수만 있다면 일단 반은 성공한 셈이다. 어휘력이 달려서 [거시기] [왜 있잖아?] [그러니까...] 등을 연발하는 사람이 있다. 이런 사람과 대화를 하다보면 상대방의 의사를 정확히 알아내기가 어렵고 오해를 불러오기도 한다. 유머를 구사하는 사람이 어휘력이 달릴 경우 유머의 강도와 느낌은 반감된다. 어휘력을 키우기 위해선 시, 소설 등 문학작품을 정독하거나 사전을 많이 찾아보는 방법 등을 통해서 향상시킬 수 있다. 정확한 표현과 감성이 풍부한 내용은 모든 사람에게 호감을 주고 유머의 강도와 성공률도 높여준다. 어휘력을 키우자!

◆ 오른쪽의 유머엽서를 웃음이 필요한 고운님 손에 쥐어주세요!

등대지기

크리스마스 카드 한 장을 배달하느라고 먼 등대까지 배를 저어 간 우체부가 투덜거리자 등대지기가 쐐기를 박았다.

"당신말이야, 자꾸 툴툴거리면 일간신문 구독신청 할거야!"

용 두 마리가 죽을 각오로 싸운다면 결과는 어떻게 될까?

POST CARD
우편엽서

To.

*유머퀴즈 정답은 보냉이에게 물어보세요! [진짜야머] 중에서...

등대지기의 출근!

역경은 사람을 부유하게 하지는 않지만
지혜롭게 한다.

유머훈련 나의 과거에서 마음에 들지 않는 1년을 다시 살 수 있다면 어느 해를 어떻게 살 건가?

OX퀴즈 이발소 간판의 빨강은 동맥, 파랑은 정맥, 흰색은 붕대를 뜻한다? ☞ ○

유머퀴즈 원숭이가 나무에서 떨어지는 이유는?

답:외로워

개그맨 따라잡기

웃고 죽은 돼지

"웃는 낯에 침 못 뱉는다!" "웃으면 젊어진다!"는 옛말이 있듯이 웃는 얼굴 앞에선 모든 어려움이 사라진다.

재래시장에 가서 고사용 돼지 머리를 사려고 해도 웃고 죽은 돼지가 5,000원이 더 비싸다. 더군다나 이 값은 깎지도 않는다. 왜? 재수 옴붙을까봐......

죽은 돼지도 웃고 있으면 5,000원 더 비싸지는데 사람의 얼굴에 웃음을 띤다면 얼마나 더 값을 쳐줄까?

현대는 셀프 트레이닝 시대이다. 자기 몸 값은 자신이 올리는 것이지 옆 사람이 올려주는 것이 아니다. 미소짓는 얼굴만으로도 몸 값은 올라간다.

◀ 오른쪽의 유머엽서를 웃음이 필요한 고운님 손에 쥐어주세요!

음주 테스트

야간업소에서 묘기를 하는 남자가 저녁에 차를 몰고 업소로 가다가 불심검문을 받았다. 경찰이 트렁크를 열어 보니 칼이 여러 자루 들어 있었다. 경찰이 수상히 여기자 남자는 자기가 야간업소에서 칼로 묘기를 부리는 곡예사라고 설명했다. 경찰이 믿어지지 않는다며 시범을 보이라고 하자 남자는 차에서 내려 칼 4자루를 공중으로 돌리는 묘기를 보여주었다. 그때 뒤따라 달려오던 차의 운전사가 그 모습을 보고나서 하는 말,

"음. 술 끊기를 잘했지, 갈수록
 음주테스트가
 저렇게 어려워지니…"

원숭이가 나무에서 떨어지는 이유는?

POST CARD
우편엽서

To.

칼부림!

불운은 칼과 같아서 날을 잡으면 베이지만
손잡이를 잡으면 괜찮다.

*야매퀴즈 정답은 머냥이에게 물어보세요! [진짜유머] 중에서...

인간이 할 수 없는 불가능한 어떤 일을 해서 유명해질 수 있다면 무슨 일을 할까?

자전거와 자동차 타이어의 펑크는 겨울보다 여름에 많이 난다? ☞ ○

기우제(祈雨祭)를 지낼 때 사용되는 악기 이름은?

▶ 피리용!

가장 멋진 미소

미소는 전기요금이 전혀 들지 않으면서도 주위를 환하게 밝혀 준다.
유머를 구사하기 전 미소 띈 얼굴은 이미 분위기 조성을 끝낸 상태가 된다. 어느 경우이든 분위기 조성만 되면 반은 성공한 것이다. 자신의 얼굴에 가장 멋진 미소를 지은 후, 거울을 한번 유심히 보라. 그리고 나서 볼펜을 어금니까지 깊숙이 끼워 물고 표정을 정리한 채 입꼬리는 올리고, 눈꼬리는 내리고, 잇몸은 보이지 않게 하고, 볼펜만 살그머니 빼내어 보라. 이 상태에서 자연스런 표정으로 정리를 하면 가장 멋진 자신의 미소가 된다. 하루에 한 번은 꼭 실천해 보라.
돌발 난센스 퀴즈 : 미소의 반대말은?
답 : 당기소!

죄와 벌

학생들 때문에 화가 난 체육교사가 학생들에게 벌칙으로, 누워서 자전거 페달 밟기를 시켰다.
그런데 한 녀석이 가만히 있었다.

교사 : 야, 너는 왜 가만히 있어?
학생 : 예, 저는 지금 내리막길을 가고 있거든요.

기우제(祈雨祭)를 지낼 때 사용되는 악기 이름은?

POST CARD
우편엽서

보내는 사람

받는 사람

* 유머퀴즈 정답은 보낸이에게 물어보세요! [진짜유머] 중에서...

To.

FUN FUN TV!

황천길!

길이 있어 내가 가는 것이 아니라,
내가 감으로 길이 생기는 것이다.

 역사 속의 인물로부터 두뇌만 가져와 이식을 받을 수 있다면, 누구의 두뇌를 원하나?

 선천적인 맹인도 정상인처럼 색깔이 있는 꿈을 꾼다? ☞ ✗

 불경기(不景氣)에 잘 팔리는 약은?

▶ 퀴러히

더 강한 유머 안하기

우린 누가 유머를 구사하면, 기꺼이 웃어주기는커녕 더 강한 유머를 날리면서 시선을 자신에게로 쏠리게 하고, 분위기를 제압하고, 먼저 유머를 구사한 사람을 무안하게 만든다. 이러한 언행은, 그렇게 함으로써 자신의 존재가 돋보이고 유머 감각이 뛰어난 사람으로 알리고 싶은 어리석음 때문이다.

예를 들면 [모유의 장점]에서 [경제적이다] [온도가 일정하다] [휴대가 간편하다]... 여기에서 누군가 더 강하게 치고 나온다. [빨대가 필요 없다] [한쪽을 다 먹어도 한쪽에 스페어가 남아있다] [뒤로 자빠져도 쏟아지지 않는다]... 그러나 이런 행동은 유머의 에티켓을 무시한 것이다. 더 강한 유머로 맞선다면 방금 전에 말한 사람을 짱구(?)로 만들어 버리는 결과를 갖고 온다. 조심해야 할 일이다. 기꺼이 웃어줘라!

오른쪽의 유머엽서를 웃음이 필요한 고운님 손에 쥐어주세요!

불면증

씨름을 하다가 허리에 부상을 입고 병원에 입원한 나원참은 지독한 불면증에 시달리고 있었다. 그러던 어느 날 밤은 모처럼 초 저녁부터 잠이 쏟아져 꿈나라를 헤매고 있는데, 밤 10시쯤 누군가 흔들어 깨우기에 눈을 떠보니 간호사였다.

그 간호사가 하는 말

"수면제 먹을 시간이에요,

수면제 드시고 주무세요!"

 불경기(不景氣)에 잘 팔리는 약은?

POST CARD
우편 엽서

받는사람

보내는사람

To.

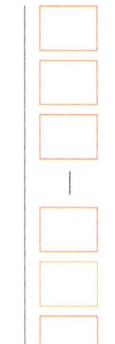

*유머퀴즈 정답은 보낸이에게 물어보세요! [진짜유머 중에서...]

잠못드는 이유?

돈으로 좋은 침대를 살수 있지만,
달콤한 잠은 살수없다!

 완벽한 사랑에 대한 정의를 가장 간단하게 한 문장으로 표현한다면?

 윷놀이에서 [모]는 말을 상징한다? ☞ ○

 물가 상승과 관계없이 깎아 주는 곳은?

 ▶10 답은▷

삼행시 짓기

유머 감각을 키우는 데 있어서 삼행시를 짓는 연습은 매우 효과적인 훈련 방법이다. 자신의 이름과 가족의 이름, 학교와 사는 동네나 주변 단체명 또는 시사성이 있는 것 등 어떤 것이라도 좋다. 열심히 지어 보라. 이러한 방법은 발전이 없어 보이는 듯 느끼지만, 실제로는 그렇지 않다. 콩나물에 물을 뿌리면 물이 다 빠져 내려가지만 그 안에서 콩나물은 쑥쑥 자란다.

삼행시를 잘 지으려면 공통점을 물고늘어지거나, 막판에 뒤집어 놓아야 한다.

공통점 〈원두막〉
원 : 원숭이 엉덩이는 빨개!
두 : 두 쪽 다 빨개!
막 : 막 빨개!

뒤집기 〈황선홍〉
황 : 황선홍 대한민국 축구 국가 대표 선수!
선 : 선진 축구 기술을 구사하는 대한의 건아!
홍 : 홍명보 만세!!!

● 오른쪽의 유머엽서를 웃음이 필요한 고운님 손에 쥐어주세요!

신용카드

아버지가 첫사랑에 실패한 아들을 위로하고 있었다.

아버지 : 얘야, 시간을 믿어라. 이제 한 달만 지나면 그 여자아이는 완전히 잊게 될 거다.

아　들 : 그렇게 되기가 어려워요.

아버지 : 아니 왜?

아　들 : 내가 그 애에게 사준 선물은 모두 카드할부로 긁었거든요.

 물가 상승과 관계없이 깎아 주는 곳은?

POST CARD
우편엽서

보내는 사람

받는 사람

To.

*유머퀴즈 정답은 보내이에게 물어보세요! [진짜유머] 중에서...

카드빗!

신용카드로 사면 한번 생각하지만,
현금으로 사면 두번 생각한다.

 육아를 국가에서 책임을 지기 때문에 능력대로(?) 아이를 낳을 수 있다면, 몇 명?

 알이 클수록 새들은 더 오래 알을 품어야 한다? ☞ X

 아주 오래 전에 건설된 다리를 뭐라 부르나?

☜ 난하리라

복사해서 참조하기

기억하시나요?
태어날 때부터 유머 감각을 갖고 태어나는 사람은 단 한사람도 없고, 유머 감각은 후천적인 기능이라는 것을...
개그맨 흉내를 내다가 개그맨이 된 사람이 있고, 가수 흉내를 내다가 가수가 된 사람이 있고, 배우 흉내를 내다가 실제로 배우가 된 사람이 있다. 열심히 모방 하다보면, 오히려 더 잘 할 수 있게 된다. 유머 감각도 마찬가지다. 유머 감각이 뛰어난 사람을 흉내내거나 똑같이 따라하다 보면 자신만의 독특한 유머 감각을 개발하게 된다.
영국의 어느 마을에서, 수줍음과 대인 공포증을 극복하고 유명해진 [찰리 채플린 흉내내기 대회]가 열렸다. 이 곳을 지나던 찰리 채플린은 반가움과 호기심에 본인이 직접 참가 신청을 하고 참가했다. 결과는 찰리 채플린이 3등을 했다. 원조 찰리 채플린의 참패였던 것이다.

● 오른쪽의 유머엽서를 웃음이 필요한 고운님 손에 쥐어주세요!

불임수술

칠복이가 의사에게 불임수술을 해 달라고 부탁했다.

의　사 : 이건 보통 일이 아닌데, 부인과 의논해 보셨어요?

칠복이 : 그럼요. 우리 집사람도 찬성했지요.

의　사 : 자녀들은요?

칠복이 : 네, 아이들도 17대 3으로 찬성했습니다.

  아주 오래 전에 건설된 다리를 뭐라 부르나?

POST CARD
우 편 엽 서

보내는 사람

받는 사람

To.

* 유머퀴즈 정답은 보내이에게 물어보세요! [진짜유머] 중에서...

초만원!

성공한 사랑은 호적에 남고,
실패한 사랑은 일기장에 남는다.

124 진짜유머

유머운련: 결혼반지를 대신할 만한 것이 있다면 어떤 것이 있을까?

OX퀴즈: 밀레의 [만종]에 그려져 있는 사람의 수는 2명이다?
☞ ○ (기도하는 부부)

유머퀴즈: 거지들이 가장 싫어하는 색은?

반대말 반죽하기

반대말을 반죽하면 유머가 된다.
반대말을 반죽할 땐 단 답형도 좋지만, 다양하고 폭넓고 다채롭게 해야 더 좋다.
단답형의 예를 들면, "너의 불행은 나의 행복이야!", "불행 끝 행복 시작!", "여자의 치마가 짧아지면 남자의 시선은 길어진다!", "지갑이 가벼우면 마음은 무거워 진다!"...
다양하고 폭넓고 다채로운 예를 들면, 산토끼의 반대말은?
[집 토끼] [죽은 토끼] [판 토끼] [알칼리 토끼] & [강 토끼] [산 거북이] [죽은 거북이] [판 거북이] [알칼리 거북이]... & [끼토산]
유머 감각을 키우는데 있어서 고정관념은 심각한 장애물이다.

◑ 오른쪽의 유머엽서를 웃음이 필요한 고운님 손에 쥐어주세요!

다이아몬드

만복이가 아내에게 생일 선물로 무엇이 갖고 싶냐고 물었다.

아내: (미소를 띠며) 다이아몬드가 들어 있는 물건이면 무엇이든 좋아요.

– 생일날 아내는 만복이가 사온 선물 꾸러미를 기대에 부풀어 풀었다.
그런데 그것은 트럼프 한 벌이었다. –

거지들이 가장 싫어하는 색은?

POST CARD
우편엽서

받는사람

보내는사람

To.

*유머퀴즈 정답은 보내어 보네세요! [진짜야머 중에서...

빅 다이아몬드!

칭찬은 다이아몬드와 같아서
흔치 않을 때 가치가 있다.

무인도로 1주일간 휴가를 가는데, 꼭 세 가지만 가지고 갈 수 있다면 어떤 것들일까?

고래는 수심 5m 이하의 물 속에서 잠을 잔다?
☞ X (허파로 호흡하는 척추동물이기 때문에 수면에서 잠잔다)

후퇴할수록 이기는 것은?

▶롤러그리◀

풍자하기

비리(非理)나 부정(不正)한 것을 보고 날카롭게 비판(批判)하면서 대리 만족을 얻는 것을 풍자(諷刺) 또는 [패러디]라 한다. 이 것은 주로 정치적인 것이 대부분이다. 유머에 있어서의 풍자는 시사하는 의미도 크고 성인들이 즐기는 단골 메뉴다. 풍자를 하기 위해선 항시 시사에 밝아야 하고, 경제가 돌아가는 것에 관심을 두어야 한다.
　예를 들면, 정치인과 정자의 공통점은?
　① 수가 무지 많다.
　② 나오면 죽는다.
　③ 둘 다 인간이 될 확률이 극히 어렵다...

○ 오른쪽의 유머엽서를 웃음이 필요한 고운님 손에 쥐어주세요!

www.selfevent.com
www.hifun.co.kr

127

해군 함장과 일병의 대결

군함 한 척이 달도 없는 어두운 밤에 항해를 하고 있었다. 그런데 정면에 불빛이 보이는 것이었다.
군함 정면에 나타난 불빛을 보고 함장은 빛으로 신호를 보냈다.

"방향을 서쪽으로 10도 돌려라!"
상대가 답신을 보냈다.

"당신이 방향을 동쪽으로 10도 돌려라!"
화가 난 함장은 다시 신호를 보냈다.

"나는 해군함장이다. 네가 방향을 돌려라!"
상대가 다시 신호를 보내왔다.

"나는 해군 일병이다. 그쪽에서 방향을 돌려라!"
화가 끝까지 난 해군함장은 최후의 신호를 보냈다.

"이 배는 전함이다. 절대 진로를 바꿀 수 없다!"
그러자 상대도 마지막 신호를 보냈다.

"여기는 등대다. 니 맘대로 해봐라!"

후퇴할수록 이기는 것은?

POST CARD
우편엽서

보내는사람

받는사람

To.

* 유머퀴즈 정답은 보낸이에게 물어보세요! [진짜유머] 중에서...

FUN FUN TV!

무단횡단!

순간을 지배하는 사람이 인생을 지배한다.

신혼과 구혼을 구별할 수 있는 기준은?

비행기의 출발시간이란 비행기의 탑승문이 완전히 닫힌 순간을 말한다. ☞ X(날개를 펴고 이륙하려는 순간.)

가장 기분 좋은 춤은?

◀ 하이유머닷컴

과장하기

유머에 있어서 과장법은 축소법과 함께 자주 출연(?)하는 단골 손님이다. 과장할 때 주의 할 점은 모든 사람의 지각에 지지를 받을 수 있는 그럴듯한 과장과 근거 있는 과장을 해야 한다. 그렇지 않고 말도 안 되는 허구(?)를 늘어놓으면, 듣는 사람들이 웃어도 재미있어서 웃는 것이 아니라 같잖아서 웃는다.

다양한 각도로 생각을 해 보면 과장할 일은 얼마든지 찾을 수 있다.
① 내가 붕어를 잡았는데 말이야, 아 글쎄 눈알이 야구공만 한 거 있지!
② 이 짜식들아! 내가 젊었을 땐 총알을 맨 손으로 잡았어!
③ 우리 옆집 애는 얼마나 크게 태어났는지 이틀만에 백일잔치 했잖아!

○ 오른쪽의 유머엽서를 웃음이 필요한 고운님 손에 쥐어주세요!

신혼여행

신혼여행을 가는 비행기 안에서 신랑이 신부에게 말했다.

신랑 : 난 사실 한 쪽 눈이 보이지 않는 불구자요.

신부 : 왜 그런 얘기를 진작에 하지 않았어요?

신랑 : 내가 당신에게 보낸 첫 연애편지에 그걸 밝혔소.

– 집에 돌아 온 신부는 신랑에게 받은 연애편지를 모두 꺼내어 첫 편지를 찾아내었다.

그 편지의 첫 구절인즉,

"난 당신에게 한 눈에 반했소."

가장 기분 좋은 춤은?

POST CARD
우편엽서

보내는 사람

받는 사람

To.

*유머퀴즈 정답은 보내이에게 물어보세요! [진짜유머 중에서...]

질투!

연애가 결혼보다 즐거운 것은
소설이 역사보다 재미있는 것과 같다.

숨이 멎는 내 인생의 마지막 순간이 왔다.
그 순간 마지막으로 보고싶은 것이 있다면?

남극을 갈 때도 비자가 필요하다? ☞ X

클수록 값이 싼 집은?

축소하기

유머에 있어서 축소법 역시 과장법과 함께 자주 출연(?)하는 단골손님이다. 그런데 축소법은 과장법보다 어렵다. 왜냐하면, 이것은 체중과 같아서 부풀리기는 쉬워도 빼내기는 어렵기 때문이다. 그러나 사물을 보는 눈이 예리하고, 만사를 압축해서 보는 눈을 가지면 의외로 쉽게 풀린다. 과장법은 꾸밈말을 많이 써야 되지만, 축소법은 되도록 간략하게 정리하면 된다.
① 간에 기별도 안 간다!
② 그 정도는 껌 값이지~이!
③ 갠, 내 한 주먹거리밖에 안 돼!

너무합니다

총알택시 운전기사와 목사가 같은 날 같은 시각에 죽어 천국에 갔는데, 목사보다 총알택시 운전기사의 자리가 더 좋았다.

목사가 천사장에게 물었다.

"어째서 교통법규위반을 밥먹듯이 하는 총알택시 운전기사의 자리가 내 자리보다 좋을 수가 있단 말입니까?"

그러자 천사장이 대답하기를

"목사! 그대가 설교할 때 신도들은 모두 졸고 있었지만, 총알택시 운전기사가 차를 몰 때는 모두들 기도 드리고 있었소!"

클수록 값이 싼 집은?

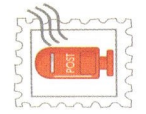

POST CARD
우편엽서

To.

*유머퀴즈 정답은 보낸이에게 물어보세요! [진짜유머] 중에서...

어디로?

**최고의 자리는
가장 많이 노력하는 사람이 차지한다.**

유머훈련 어느 한 사람의 누드를 그릴 수 있는 특권이 주어진다면, 누구를 모델로 선택할까?

OX퀴즈 병아리도 배꼽이 있다? ☞ ○

유머퀴즈 세상에서 가장 야한 닭은?

공통점 찾기

공통점은 유머의 소재다. 양쪽의 공통점이라는 [재료]를 갖고 현실이라는 [양념]을 넣어 잘 버무리면 모두가 동감하는 [요리]가 된다. 공통점을 찾는 재료도 중요하지만, 현실성이 떨어지면 맛이 떨어진다는 점을 유념해야 한다.

예를 들면, 정치인과 개의 공통점은?
① 주인을 몰라보고 덤빌 때가 있다.
② 자기 밥그릇은 절대로 안 뺏긴다.
③ 족보는 있는데 믿을 수 가 없다.
④ 떼를 지어 몰려다닌다.
⑤ 둘 다 어떤 소리를 하든, 다 개소리다.

초음파 검사

칠복이 아버지는 산부인과 의사다.

어느 날 칠복이는 엄마 손을 붙잡고 아버지가 계시는 병원으로 갔다. 엄마가 잠시 화장실을 간 사이에 칠복이는 아버지의 일하는 모습이 보고 싶어 아버지가 진료하시는 방을 들여다보았다. 그리곤 깜짝 놀라 눈이 휘둥그래져 엄마에게 뛰어가 말했다.

"엄마! 아빠가 어떤 아줌마를 다림질하고 있어."

POST CARD
우편엽서

보내는 사람

보내는 사람

To.

*유머퀴즈 정답은 보낸이에게 물어보세요! [진짜유머] 중에서...

FUN FUN TV!

밀착취재!

사진을 현상해서 제일 먼저 찾아 보는 인물은 자기 자신이다.

134 진짜유머

 **유머훈련** 복제 인간을 만들 수 있다면 누구를 대상으로 삼아 복제인간을 만들까?

 OX퀴즈 용은 십장생의 하나다? ☞ X

 **유머퀴즈** 세계에서 옷을 가장 잘 해 입고 다니는 나라는?

 개그맨 따라잡기

차이점 찾기

차이점도 유머의 소재다. 양쪽의 특징을 서로 비교하여 차이점을 찾고, 이 것을 다시 현실에 적용한다. 여기서 차이점은 혼자 출연(?)하기보다는 과장법과 함께 복식 조를 이룰 수 있다면 금상첨화(錦上添花)가 된다.
① 넌 구름, 난 바람!
② 내가 너만할 땐 돌도 씹어 먹었어!
③ 야아 쨔샤! 니 군번은 한 줄로 서면 보이지도 않아!
④ 니가 자동차면 나는 독수리다!(모기가 티코에게 하는 말)
⑤ 니가 이걸 해낸다면, 내 열 손가락에 매니큐어를 바르겠다!
  (장을 지짐)

슈퍼맨 VS 배트맨

볼 때마다 팔짱을 끼고 폼잡는 슈퍼맨을 은근히 얄미워하던 배트맨. 어느 날 우연히 길에서 슈퍼맨과 마주쳤다. 이번에도 녀석은 팔짱을 끼고서 할 일도 없이 주위를 살펴보고 있었다. 배트맨은 저벅저벅 슈퍼맨에게 걸어가서 물었다.

"슈퍼맨, 너는 왜 매일 팔짱만 끼고 있는 거냐?"
그러자 슈퍼맨이 싸움을 거는 배트맨을 꼬나보며 이렇게 답했다.

"씨, 나는 바지에 주머니가 없어서 그런다. 왜, 아니꼽냐?"
그 말에 배트맨은 잠시 뜸을 들이다가 깔깔거리며 슈퍼맨에게 말했다.

"인마, 바지 위에 팬티를 입으니깐 그렇지!"

 유머퀴즈 세계에서 옷을 가장 잘 해 입고 다니는 나라는?

136 전쟁영화

비디오 아닌 것도 비출 수 있다.
그것은 평범한 건물이 하나라도 특종이다.

발목잡기!

FUN FUN TV!

*유머러즈 정답은 보내이에게 물어보세요! [전쟁유머] 중에서...

To.

POST CARD
우 편 엽 서

보내는 사람

받는 사람

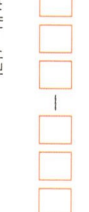

나의 묘비에 새겨질 비문을 작성하려고 한다.
꼭 새겨 넣어야할 말은?

[하루라도 책을 읽지 않으면 입안에 가시가 돋는다]라고
한 사람은 안중근이다?
☞ X (안창호)

가을에 내리는 비는 가을 비, 겨울에 내리는 비는 겨울비이다. 그러면 봄에 오는 비는?

유머 메모하기

　유머 감각을 키우려면, 유머를 메모하는 습관을 가져야 한다. 메모는 보조기억장치로서 잃어버리지만 않는다면 영원한 내 꺼다. 메모하는 민족은 앞서 가는 민족이 되고, 메모하는 사람은 남 보다 한 발 앞서 간다. 한 발의 차이는, 야구에선 죽고 사는 문제다.

　유머를 메모할 때는 마구잡이로 하지말고 주제별, 내용별로 구분을 해서 파일 형식으로 메모를 하는 것이 좋다. 그래야 나중에 필요할 때 사전처럼 신속하고 효율적으로 찾아 활용할 수 있다.

　주의할 사항은 메모를 했다고 해서 모든 유머가 다 내 것이 되는 것은 아니다. 몇 번이고 들춰보며 반복해서 써먹을 때 비로소 내 것으로 효과를 발휘하는 것이다.

　"부뚜막의 소금도 넣어야 짜다."는 말처럼...

언놈이여?

책에서 본대로 꼭 실행을 해야 직성이 풀리는 행동파 사내가 있었다. 어느 날 그 사내는 63빌딩 꼭대기에 올라가 뛰어내렸다. 그는 추락도중 이렇게 외쳤다.

63층 – 추락하는 것은 날개가 있다 !
53층 – 추락하는 것은 날개가 있을 거다 !
43층 – 추락하는 것은 날개가 있어야 한다 !
33층 – 추락하는 것은 날개가 있을까?
23층 – 추락하는 것은 날개가 있는 게 아니구나 !
13층 – 언놈이여? 이런 허튼 소릴 지껄인 놈이 !
3층 – 오 ! 마이 갓!!

꽝!!!

가을에 내리는 비는 가을 비, 겨울에 내리는 비는 겨울비이다.
그러면 봄에 오는 비는?

POST CARD
우편엽서

보내는 사람

받는 사람

To.

*유머퀴즈 정답은 보내이에게 물어보세요! [진짜유머] 중에서...

FUN FUN TV!

무선바퀴!

자전거와 자기개발의 공통점은?
계속해서 속력을 내지 않으면 쓰러지게 된다!

138 진짜유머

유머운련 사랑과 우정을 구별할 수 있는 행동은 어떤 것인가?

OX퀴즈 아이스크림을 처음 만든 나라는 미국이다? ☞ × (중국)

유머퀴즈 과일을 자르는 칼을 [과도]라 한다.
그러면 눈과 구름을 자르는 칼은?

벼룩시장 유머

술과 친구는 오래 될수록 좋다고 했던가?
유머도 오래 될수록 효과를 본다. 일종의 [벼룩시장 유머]다. 특히 쉰 세대(?)의 강점으로 작용한다.
오래된 유머는, 쉰 세대들이 소싯적에 경험하거나 알고 있는 것으로서 골동품의 가치를 인정받는다. 왜냐하면 [벼룩시장 유머]는 요즘 아이들은 생겨나지도 않았고, 정신 없이 사는 사람들의 기억 속에서 완전히 사라졌기 때문이다. [벼룩시장 유머]는 처음 듣거나 새로운 유머로 다시 태어난다. 숙성이 잘 된 발효식품이라고나 할까...
① 둘리가 다니는 학교는?   [이리보고]
② 둘리가 전학을 간 학교는?   [저리보고]
③ 둘리가 또 전학을 간 학교는?   [빙하타고]

영어실력

영어시간에 선생님이 칠판에다 큼직하게 'SALT' 라고 써놓고 이것이 무엇이냐고 물었지만 아는 학생이 하나도 없었다.

선생님 : 아니, 바로 어제 배웠는데도 아는 사람이 하나도 없나?

– 선생님이 야단을 치는 사이에 재빨리 공책을 뒤져보던 덜렁이가 'salt, 소금' 이라고 쓰여져 있는 것을 보고, 다시 한번 칠판을 쳐다보더니 자신 있게 손을 들었다. –

덜렁이 : 선생님, 저요!

선생님 : 오, 그래! 덜렁이가 대답해봐.

덜렁이 : 네, 굵은 소금입니다!

유머퀴즈 과일을 자르는 칼을 [과도]라 한다.
그러면 눈과 구름을 자르는 칼은?

POST CARD
우편엽서

To.

*유머퀴즈 정답은 보내는이에게 물어보세요! [진짜유머] 중에서...

극과 극!

성공하려면 두뇌의 힘이
육체의 힘보다 강해야 한다.

어느 곳이든 원하는 장소에 도청 장치를 설치할 수 있다면, 어느 곳에 설치할까?

서울 세종로(광화문)에 있는 이순신 장군 동상은 칼을 오른손에 쥐고 있다?

우리나라에서 제일 시끄러운 도시는?

실패를 두려워하지 않기

　유머 구사시, 경계해야할 심리적 상태는 "이게 안 먹히면 어쩌지?" "폭소를 자아내지 않으면 안 되는데!" "썰렁하다 그러면 어쩌나?" 등등이다. 그러나 겁먹지 말고, 불굴(不屈)의 의지로 중단없는 전진을 해야 한다! 왜냐하면 썰렁한 단계는 어차피 거쳐야 할 정거장이기 때문이다. 실패나 썰렁하다는 말을 듣는 것이 두려워 유머훈련을 중단한다면, 이것은 마치 어린아이가 걸음마를 배우다가 넘어진다고 해서 아예 일어서기를 포기하는 것과 같다. 넘어지더라도 또 일어나고 또 일어나야 걷고 나서 뛸 수 있듯이, 주변에서 썰렁하다는 말을 듣더라도 개의치 말고 계속 밀고 나가야 한다. 그리고 유머가 썰렁했다면 오히려 반성과 성찰을 통해 자기개발의 기회로 삼을 수 있다. 많은 실패는 많은 발전을 가져온다!

◎ 오른쪽의 유머엽서를 웃음이 필요한 고운님 손에 쥐어주세요!

거봐 내말이 맞잖아!

　경상도 사람 둘이 지하철에서 시끄럽게 떠들며 얘기를 하고 있었다. 참다 못한 한 청년이 경상도 사람에게 다가가서 말했다.

"좀 조용히 해주시겠습니까?"
그러자 경상도 사람이 쩌렁쩌렁한 목소리로 말했다.

"머라꼬? 이기다 니끼다 이기가?"
그러자 그 청년, 동료에게 돌아가며 말했다.

"거봐, 내가 뭐랬어? 일본사람이라고 했잖아."

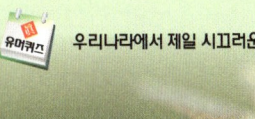
우리나라에서 제일 시끄러운 도시는?

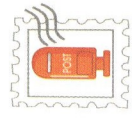

POST CARD
우편엽서

보내는 사람

받는 사람

To.

*유머퀴즈 정답은 보냄이에게 물어보세요! [진짜유머 중에서...]

전철(戰鐵)!

언제나 강적은 자기자신이다.

142 진짜유머

행복한 결혼 생활을 위한 요소 중 가장 중요한 것은 어떤 것이라 생각하는가?

낙타는 혹에 물을 저장한 것이 아니라 지방을 저장하고 있다?

남태평양 나라들의 여자들은 머리에 꽃을 잘 꽂는다. 처녀는 오른쪽, 유부녀는 왼쪽에 꽂는다. 가운데 꽂는 여자는?

◀ 야하지 마라!

자동차 연습실

많은 사람들 앞에서 말을 하거나 노래를 한다는 것은 심리적으로 여간 힘든 일이 아니다. 평소에 경험이 있는 사람도 누구 앞에 서게 되면 설 때마다 긴장이 되고 손에 땀이 찬다. 그렇다고 허수아비를 놓고 연습할 수 있는 노릇도 아닌데...

이를 해결하는 방법 중의 하나는 자동차 안에 혼자 있을 때, 창문을 꼭 닫고 자신이 좋아하는 노래를 목이 터져라고 부르거나 여러 사람 앞에서 말하는 것처럼 모의 연설이나 강연을 반복해서 해 보는 것이다. 사람은 자기가 한 말을 반 이상 자신이 듣게 되어 있는데, 이렇게 반복해서 연습을 하다보면 스스로 많은 정보와 내용에 대해 수정할 수 있고 다듬어 나갈 수 있고 나아가서 훌륭한 기능을 갖추게 되는 것이다. 스트레스를 날려보내는 것은 덤이다. 만약 차가 없다면 노래방에 가서 하는 것도 좋다.

치료비

칠복이 : 며칠 전에 마누라 눈에 모래가 들어가서 치료비로 15만원이나 날렸지 뭔가.

만복이 : 그건 약과야. 난 며칠 전에 우리 마누라 눈에는 모피 코트가 들어갔는데, 무려 1,500만원이나 들었다구. 제기랄!

남태평양 나라들의 여자들은 머리에 꽃을 잘 꽂는다. 처녀는 오른쪽, 유부녀는 왼쪽에 꽂는다. 가운데 꽂는 여자는?

POST CARD
우편엽서

보내는 사람

받는 사람

To.

*유머퀴즈 정답은 보내어 물어보세요! [진짜유머 중에서...]

FUN FUN TV!

돈/세는 소리!

절약은 커다란 수입이다.

유머훈련 성(남녀)이 바뀌어 하루를 생활할 수 있다면, 하고 싶은 일과 가고 싶은 곳은?

OX퀴즈 소는 꿇어 앉을 때 앞다리부터 앉는다. 하지만 말은 뒷다리부터 꿇어앉는다? ☞ ○

유머퀴즈 안경이 들어가 있으면 안경집, 모래가 들어가 있으면?

개그맨 따라잡기

넘을뒤▶

역발상

좌우를 바꾸거나, 위아래를 옮기거나, 안팎을 뒤집는 것을 [역발상]이라 한다. 역발상은 유머 감각과 창의력 훈련에 좋다. 예를 들어, 얼굴에 코가 붙어 있는 것이 아니라 "코에 얼굴이 매달려 있다!"라고 생각하면 어떨까? 또 시계는 우리 인간들이 "얼마나 시간약속을 안 지키는지를 알려주는 기계!"라고 생각하면 어떨까? 그리고 장미꽃에 따가운 가시가 있는 것이 아니라 "가시나무에 이렇게 아름다운 장미꽃도 피는구나!"라고 생각해 보는 것이다.

생활 속에서, 양말이나 스타킹을 왼발부터 신어보고, 양치질을 왼손으로 해 보고, 버스에 오를 때 왼발부터 오르고, 커피를 저을 때 왼손으로 저어보면 역발상을 통한 사고의 유연성을 크게 키울 수 있다. 마이클 잭슨은 뒤로 걷는 동작으로 시선집중을 한 몸에 받았다.

모든 발명품의 반 이상은 역발상으로 창조된 것이다!

○ 오른쪽의 유머엽서를 웃음이 필요한 고운님 손에 쥐어주세요!

화장실의 느낌차이

① 그는 똑똑했다. 나도 똑똑했다. 그는 나의 똑똑함 때문에 쩔쩔매는 것 같았다.

② 당신이 밀어내기에 힘쓰는 동안 바깥 사람은 조이기에 힘쓰고 있습니다.

③ 당신이 안에서 사색(思索)을 하는 동안 밖에 있는 사람은 사색(死色)이 되어가고 있습니다.

최선을 다해 힘을 줍시다!
힘내라, 하반신!

유머퀴즈 안경이 들어가 있으면 안경집, 모래가 들어가 있으면?

POST CARD
우편엽서

보내는 사람

받는 사람

To.

* 유머퀴즈 정답은 보낸이에게 물어보세요! [진짜유머] 중에서...

FUN FUN TV!

동서양의 결합!

화장실 안에서 '자투리 시간'은
다이아몬드를 생산하기도 하고,
돌을 생산하기도 한다.

 **유머훈련** 첨단 발명품인 [성격개조기]가 있다.
나의 성격 중 마음에 들지 않는 부분을 고친다면?

 OX퀴즈 학이나 왜가리들이 한 발을 들고 물위에 서 있는 이유는
체온유지 때문이다? ☞ ○

 **유머퀴즈** 버스 운전기사가 버스에 올라가서 제일 먼저 잡는 것은 무엇인가?

◀ 시간

 개그맨 따라잡기

속담 뒤집기

속담을 역발상으로 뒤집거나 비틀어보면 보면 유머가 탄생한다.
예를 들어 "서당 개 삼 년이면 풍월을 읽는다."는 말을,
"식당 개 삼 년이면 라면을 끓인다."
"다방 개 삼 년이면 티켓 판다."
"배틀넷 3년이면 풍월을 읊는다." 등...
&
"메딕, 뭉치면 살고 흩어지면 죽는다."
"다크 템플러, 뭉치면 죽고 흩어지면 산다."
"낮말은 옵저버가 듣고 밤말은 컴셋이 듣는다." 등…

● 오른쪽의 유머엽서를 웃음이 필요한 고운님 손에 쥐어주세요!

www.selfevent.com
www.hifun.co.kr

합체는 언제?

운전병이 높은 분을 모시고 운전을 할 때 항상 "우회전하겠습니다!" "변속하겠습니다!"라는 식으로 앞으로 취할 행동을 얘기하는 것이 예의이자 철칙이다. 운전병인 한 이등병이 어느 날 장군을 태우고 운전을 해야 했다.

일개 이등병이 장군을 태우고 운전해야 하니 얼마나 긴장했겠는가? 그는 떨리는 손으로 차의 핸들을 잡고 운전을 시작했다.

그런데 속도를 높여야 할 순간, 갑자기 [변속]이라는 말이 떠오르지 않는 것이었다. 당장 말은 해야겠고... 그때 갑자기 이등병 입에서는 뜻밖의 말이 튀어나왔다. "2단으로 변신하겠습니다!" "3단으로 변신하겠습니다!"

함께 탄 대령들은 피식거리는 웃음을 참지 못했다. 그러나 장군은 표정 하나 변함 없이 침묵을 지키고 있었다. 시간이 지나 드디어 목적지에 도착했다. 내릴 때가 되자 장군이 운전병을 불렀다. 그리고 역시 근엄한 표정으로 이렇게 물었다.
"자네! 합체는 언제 하나?"

 유머퀴즈 버스 운전기사가 버스에 올라가서 제일 먼저 잡는 것은 무엇인가?

POST CARD
우편엽서

보내는사람

받는사람

To.

FUN FUN TV!

이대로 멈출수 없다!

열정은 넘어지면, 기어서라도 간다!

*유머퀴즈 정답은 보냄이에게 물어보세요! [진짜유머] 중에서...

148 진짜유머

세미나에서 변태에 관한 논문을 발표한다.
변태를 한마디로 뭐라고 정의할 수 있을까?

갈색 계란이 흰 계란보다 영양가가 더 높다? ☞ ✗

양계장을 하다가 망한 사람을 뭐라 부르나?

◀ 닭쳤지 !

재탕금지

　한약은 재탕을 해도 되지만 유머는 재탕을 하면 안 된다. 노래는 부르고 또 불러도 흥이 나지만 유머는 두 번 들으면 짜증난다. 재미와 흥미가 반감하기 때문이다. TV에서 이미 방영한 프로그램의 재방송 보면서 흥분하고 열받는 사람은 하나도 없는 것과 같은 이치이다. 그래서 개그맨들은 노력을 많이 해야하고, 그만큼 스트레스도 많이 받고, 머리도 좋아야 한다.

　사람은 예측하지 못하는 상황을 만나야 새로운 감동을 받고, 호기심을 자극해야 시선 집중을 받는데, 예측이 가능한 내용이나 이미 경험한 것에 대해선 신선도(?)가 떨어지기 때문에 호응을 받을 수 없다.

❖ 오른쪽의 유머엽서를 웃음이 필요한 고운님 손에 쥐어주세요!

거 말 되네!

① '삶은 계란'을 영어로 하면 'Life is egg'
② 성인(聖人)과 성인(成人)의 차이는?
　석가모니가 집을 나가면 '**출가**'라 하고,
　내가 집을 나가면 '**가출**'이라고 한다.
③ 보신탕 집으로 끌려가는 개의 가장 큰 소망은?
　후세에 식인종으로 태어나는 것.
④ 호걸이 여자를 좋아하는 이유는?
　好 Girl이기 때문에.
⑤ 질문을 할 때 한 손만 드는 이유는?
　두 손 다 들면 만세가 되니까.
⑥ 애꾸눈의 강점은?
　두 눈을 가진 사람이 총을 쏘려고 할 때,
　애꾸눈은 이미 총을 쏘고 난 뒤다.
⑦ 픽션과 논픽션이란?
　픽션은 성형수술을 한 여자. 논픽션은 그 여자의 자식.

 양계장을 하다가 망한 사람을 뭐라 부르나?

POST CARD
우편엽서

보내는 사람

받는 사람

To.

*유머퀴즈 정답은 보낸이에게 물어보세요! [진짜유머] 중에서...

핫 도그!

잘 짖는다고 좋은 개가 아니듯,
말 잘한다고 현인이 아니다.

150 진짜유머

친구 중 한 명을 한 달 동안 노예로 삼을 수 있다면, 누구를 마음껏 부려먹고 싶은가?

산호는 식물이다?   ☞ × (강장동물과 이다)

가장 비싼 보석은?

정답◀

표정 연기

유머에 걸맞은 표정 연기는 유머의 강도를 높여 준다. 이는 영화에서, 영화음악 없이 스크린의 화면과 대사만 있는 영화를 보는 것과 감동적인 영화음악이 삽입된 영화를 보는 차이만큼이나 크다. 따라서 유머 구사시 표정연기가 없다면 양복을 잘 차려입고서 넥타이를 메지 않은 것과 같다.

표정 연기를 위해서 다음 사항을 실제로 연기 해 보자.
① 망치질을 하다가 손등을 때렸을 때.
② 등이 몹시 가려운데 손이 닿지 않을 때.
③ 설탕인 줄 알고 한 숟가락 먹었는데, 소금일 때.
④ 무거운 것을 들고 가다 놓쳐서 발등을 찧었을 때.
⑤ 배탈이 나서 화장실을 갔는데 앞에 열 사람이나 줄 서고 있을 때.
[짐 캐리]는 표정연기로 일약 할리우드의 특급 스타로 발돋움했다.

싸우는 학생들을 본 학과별 교수들 반응

① 경영학과 교수 : 싸우면 손해다!

② 의류학과 교수 : 옷 찢어진다!

③ 신문방송학과 교수 : 남들이 보고 있다는 거 모르나?

④ 영문학과 교수 : Fighting!!

⑤ 식물학과 교수 : 박 터지게 싸우네?!

⑥ 법학과 교수 : 너희들 다 구속감이다!

⑦ 아동학과 교수 : 애들이 배울라~!

⑧ 행정학과 교수 : 경찰 불러~!

⑨ 사진학과 교수 : 너희들 다 찍혔어, 이놈들아!

⑩ 미생물학과 교수 : 저런 썩을 놈들이 있나!

가장 비싼 보석은?

POST CARD
우편엽서

보내는 사람

받는 사람

To.

*유머퀴즈 정답은 보내이버에이버리퍼세요! [진짜유머] 중에서...

임전무퇴!

그림과 싸움은 떨어져서 구경해야 한다.

 인생에서 사랑보다 중요한 것이 있다면 무엇이 있을까?

 커피를 마시면 잠이 깬다?

 커피 잔의 손잡이는 어느 쪽에 달려 있을까?

헝그리정신

　우리가 소위 말하는 헝그리 정신은 배고픈 상태에서도 좌절하지 않고 무엇을 이뤄내기 위한 몸부림 정도로 알고 있지만, 진정한 헝그리 정신은 그렇지 않다. 헝그리 정신은 고픈 상태에서 부른 상태로 가기 위한 강한 집념(執念)이다. 문제는 통장의 잔액이 아니라 정신의 빈곤이나 나약함이다. 이 것은 소위 [배 째라 정신]과는 다르다. 배 째라 정신은 [객기]나 [똥배짱]으로 통하지만 헝그리 정신은 과학적이고 체계적인 성공을 향한 목표가 뚜렷한 단계적인 추진력이다.(우주선의 추진력처럼) 목표가 뚜렷하면 적중률이 좋고, 농구의 림이 크게 보이고, 양궁의 과녁이 선명하게 보인다. 유머훈련도 마찬가지다. 끝까지, 될 때까지 하겠다는 강한 집념을 갖고 단계적인 훈련을 쌓아 간다면 단시간 내에 훌륭한 유머감각을 갖게 된다. 끝까지 해보는, 단계적으로 노력하는 헝그리 정신이 유머감각을 위한 훈련에도 필요하다.

○ 오른쪽의 유머엽서를 웃음이 필요한 고운님 손에 쥐어주세요!

과거와 현재

① 길을 걷다 예쁜 여자와 마주치면
　10대 : 부끄러워 고개를 푹 숙이고 지나갔다.
　20대 : 스쳐 지나가면서 눈동자만 돌려 곁눈질로 훔쳐봤다.
　30대 : 고개까지 돌리고 쳐다보다가 앞사람과 부딪친다.
② 장대비가 내리면
　10대 : 우산도 없이 비를 맞으며 걸었다.
　20대 : 창가에서 커피를 마시며 추억에 잠겼다.
　30대 : 허리가 아프다.
③ 주로 보는 TV프로그램은
　10대 : 만화영화, 쇼 프로그램
　20대 : 스포츠중계, 마감뉴스, 주말의 명화
　30대 : 마누라 보는 연속극
④ 담배 피울 때
　10대 : 숨어서 피우려고 애쓴다.
　20대 : 멋있게 피우려고 애쓴다.
　30대 : 담뱃값 아끼려고 애쓴다.
⑤ 싫어하는 여자
　10대 : 못생긴 여자
　20대 : 잘난 척하는 여자
　30대 : 힘센 여자

커피 잔의 손잡이는 어느 쪽에 달려 있을까?

POST CARD
우 편 엽 서

받는사람

보내는사람

To.

* 유머퀴즈 정답은 퍼앤어게이머에게 물어보세요! [진짜유머] 중에서...

FUN FUN TV!

넌 내꺼야!

과거를 생각할 수 없는 자는,
과거를 되풀이 한다.

유머훈련 — 지금껏 미궁에 빠져있는 사건 중 한 가지를 해결할 수 있다면 어떤 사건을 맡을까?

OX퀴즈 — 하마는 말의 일종이다? ☞ × (돼지의 일종이다)

유머퀴즈 — 63빌딩 옥상에서 아버지와 두 아들이 떨어졌으나 모두 살았다. 이유는?

개그매 따라잡기
◀ 아버지 − 낙하산, 큰아들 − 이단 점프, 작은아들 − 발밑아 복

낙법

유도에 입문하면 낙법(落法)부터 배운다. 넘어지거나 떨어질 때, 성한 몸으로 다시 일어나 상대방을 공격하기 위한 기술이다. 유머훈련시, 헝그리 정신과 더불어 있어야 할 것은 바로 일곱 번 넘어져도 다시 일어나는(개구리 왕눈이식) 유도의 낙법 정신이다.

즉, 유머를 날렸을 때 사람들로부터 [썰렁하다!]는 반응이 나왔을 때의 응급처치 방법이다. 예를 들면,
① 썰렁했지? 나도 그럴 줄 알았다니까!
② 난 왜 이렇게 되는 게 없는지 몰라...
③ 내 개그는 추석이야, 1년에 한번만 웃기지!

사건 수임

딸딸이는 경찰이 되기 위해 시험을 치렀다. 필기 시험에 가까스로 합격한 딸딸이는 드디어 면접 시험을 보게 되었다.
시험관 : 자네, 백범 김구 선생이 누구에게 피살되었는지 아는가?

딸딸이 : 저기……. 내일 아침까지 알려 드리겠습니다.
대답을 마친 딸딸이는 시험장을 나서자마자 아내인 삼순이에게 전화를 걸었다.

"여보, 나 첫날부터 사건 맡았어!"

유머퀴즈 — 63빌딩 옥상에서 아버지와 두 아들이 떨어졌으나 모두 살았다. 이유는?

POST CARD
우편엽서

받는 사람

보내는 사람

To.

*유머퀴즈 정답은 보낸이에게 물어보세요! [진짜유머] 중에서...

FUN FUN TV!

전용차!

아직 살아 있다면,
지구에서 나의 임무는 끝나지 않았다.

 가장 여자다운 사람 그리고 가장 남자다운 사람으로 각각 누구를 꼽을 수 있을까?

 투우(鬪牛)는 빨간색을 좋아한다?
☞ X (색맹이라서 모른다)

 돼지는 왜 꽁지를 흔드는가?

▶윤지가 돼지를 꼭 그러쥐니까

프로 정신

아마추어보다 프로는 아름답다. 그리고 돈도 더 많이 번다. 자기 분야에서 독보적인 존재가 되기 위해 물질적 시간적 투자를 아끼지 않으며 매사를 자기일과 줄기차게 연결시켜 생각한다. 1%의 시행착오를 없애기 위해 온 정열을 쏟고, 최선(最善)이 아닌 최고(最高)가 되기 위해 목숨을 건다.

프로정신이란, 어떤 일에 있어서 유력한 사람이 아니라 유일한 사람을 말한다. 회사 생활을 오래 했다고 해서 전부 프로가 되는 것은 아니다. 고참일 뿐이다. 예를 들어, 휴가를 갔다 왔더니 자기자리가 별 탈 없이 잘 굴러갔다면 그 사람은 아마추어이고, 주변 동료가 그렇게 도와주려 했음에도 불구하고 엉망이 되어 있다면 그 사람은 프로다. 즉, 그 사람 아니고는 안 된다는 말이다. 유머 감각 훈련도 남보다 한발 앞서는 유일한 사람이 되겠다는 프로 정신이 있어야 한다.

아마추어와 프로는 한발 차이다. 그러나 야구에서의 한발 차이는 죽고 사는 문제다.

최 선

삼식이가 첫 월급을 받아 애인과 고급 레스토랑에 들어갔다.

웨이터 : 손님, 뭘로 드시겠습니까?

삼식이 : 스테이크!

웨이터 : 고기는 어떻게 해드릴까요?

삼식이 : 최선을 다해주세요!

돼지는 왜 꽁지를 흔드는가?

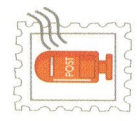

POST CARD
우편엽서

보내는 사람

받는 사람

To.

탈출!

제일 맛있는 음식은 배고플 때 먹는 음식이고,
제일 맛없는 음식은 배부를 때 먹는 음식이다.

*유머퀴즈 정답은 보내어 물어보세요! [진짜유머 중에서...]

유머운련: 전업을 해도 100% 성공을 보장받는다면 어떤 직업을 선택할까?

OX퀴즈: 냉수마찰과 춥게 자는 것은 감기예방에 좋다? ☞ X

유머퀴즈: 세상사람들이 가장 좋아하는 영화는?

개그맨 따라잡기

▶ 답은뒤에

징검다리 놓기

　[징검다리 놓기]는 유머 기술 중 하나이다.
　사람은 긴장 상태에서 이완 상태로 넘어갈 때, 긴장이 풀리면서 웃음을 웃게 되어 있다. 실제로, 잔뜩 긴장하고 있는 사람에게 유머를 날려보았자 웃지 않는다. 그러나 이완상태에 있는 사람은 사소한 일에도 웃는다. 마음의 여유가 있기 때문이다.
　징검다리 놓기는 긴장상태에서 이완상태로 유도하는 기술이다. 즉, 어떤 사실을 나열할 때 중간 부분을 생략하고 말하면 듣는 사람은 생략된 없어진 부분을 찾아내느라 긴장하게 되고, 그것을 찾았을 땐 마음의 안정과 함께 이완상태로 진입한다. 이렇게 만들어진 이완상태에서 웃음을 자아내게 한다. 예를 들면,
① 얼굴이 참 민주적으로 생기셨습니다.
② 노래를 참 편안하게 부르셨습니다! 박자, 음정 별로 신경 쓰지 않으시고...
③ 사장님의 노래가 끝나면, 예의 상 앙코르를 힘차게 외쳐주시기 바랍니다.

✿ 오른쪽의 유머엽서를 웃음이 필요한 고운님 손에 쥐어주세요!

www.selfevent.com
www.hifun.co.kr

감옥과 회사의 차이점

① 감 옥 : 대부분 시간을 4 평짜리 방에서 지낸다.
　회 사 : 대부분 시간을 1 평짜리 책상에서 지낸다.

② 감 옥 : 하루 3번 식사를 제공받는다.
　회 사 : 하루 1번 식사시간을 제공받는다. 물론 돈은 내가 낸다.

③ 감 옥 : 착실하게 고분고분 생활하면 형기가 줄어든다.
　회 사 : 착실하게 고분고분 생활하면 더 많은 일이 주어진다.

④ 감 옥 : 모든 경비는 국고에서 지원되고 일도 하지 않는다.
　회 사 : 모든 경비는 스스로 부담해야 하고, 일하면서 내 돈을 낼 때도 있다. 심지어 임금에서 세금을 공제 당한다.

⑤ 감 옥 : 가끔 변태적인(가학성) 교도관들이 있다.
　회 사 : 우리는 그들을 [상사]라고 부른다.

유머퀴즈: 세상사람들이 가장 좋아하는 영화는?

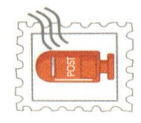

POST CARD
우 편 엽 서

보내는 사람

받는 사람

To.

*유머퀴즈 정답은 보낸이에게 물어보세요! [진짜유머 중에서...]

FUN FUN TV!

윈스톱 환경!

골빈 의자를 없애면 회사가 산다.

160 진짜유머

어디든 상관없이 몰래 카메라를 설치할 수 있는 허가를 받았다. 어디에 설치할까?

빵은 순수한 우리말이다? ☞ X (포르투갈어)

가장 어렵게 지은 절은?

해인사(海印寺)▶

커뮤니케이션(Communication)

커뮤니케이션은 교감(交感)을 말한다. 즉, 일방통행이 아니라 쌍방 통행이다. TV는 일방통행이고, 인터넷은 쌍방통행이다.

강아지가 앞발을 드는 것은 반가움의 표시이고, 고양이가 앞발을 드는 것은 공격자세이다. 그래서 개와 고양이는 영원히 사이가 좋을래야 좋을 수가 없다. 왜냐하면 같은 앞발인데도 서로 커뮤니케이션이 되지 않기 때문이다. 또 갑돌이와 갑순이는 한마을에 살았고, 둘은 서로 남모른 사랑을 했다. 그러나 결혼은 못했다. 왜냐하면 속으론 굴뚝같았는데 겉으론 안 그런척했기 때문이다. 즉 커뮤니케이션이 되질 않았다는 얘기다.

유머의 화자(話者)나 청취자(聽取者) 사이도 마찬가지다. 커뮤니케이션의 여부에 따라 유머의 강도와 흥미가 결정 난다.

● 오른쪽의 유머엽서를 웃음이 필요한 고운님 손에 쥐어주세요!

교도소로 간 아버지

학교네 아버지는 교도소에서 근무하신다.

어느 날 학교는 친구인 덩달이네 집에 놀러가 덩달이 엄마와 이야기하고 있었다.

덩달이 엄마 : 아버지는 어디 계시니?

학교 : 교도소에요.

덩달이 엄마 : 아니, 거기엔 어떻게 해서 들어가셨니?

학교 : 네, 시험 봐서요.

 가장 어렵게 지은 절은?

POST CARD
우편엽서

받는 사람

보내는 사람

To.

*유머퀴즈 정답은 보낸이에게 물어보세요! [진짜유머] 중에서...

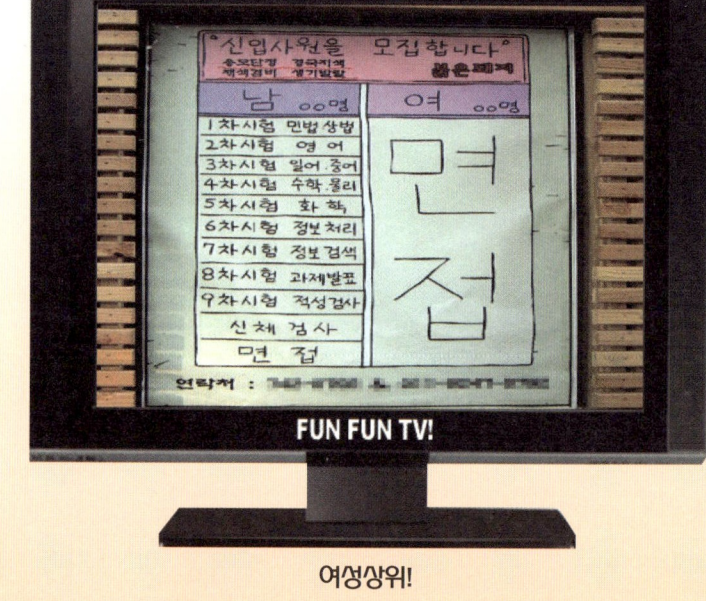

여성상위!

사람을 의심하려거든 쓰지말고,
쓰면 의심하지 마라.

유머훈련 역사적 인물중 한 사람을 선택하여 완전히 똑같은 삶을 살 수 있다면, 누구의 인생을?

OX퀴즈 남자도 유방암에 걸린다? ☞ ○

유머퀴즈 씨암탉의 천적은?

개그맨 따라잡기

▶ Y side

나이 따라 기호 따라

유행했던 시리즈 중 [사오정시리즈]가 있다. 엉뚱한 대답으로 우리에게 웃음을 주었다. 그러나 이 시리즈는 즐기는 대상이 한정되어 있다. 하이틴과 20대 초반에서 즐긴다. 유치원 어린이는 주인공은 알아도 반응은 시큰둥하고, 노인대학에선 사오정이 누구냐고 되묻는다.

또 [만득이시리즈]와 [덩달이시리즈]도 있었고, [참새시리즈]와 [최불암시리즈]도 있었다. [만득이시리즈]는 무서운 귀신을 귀여운(?) 귀신으로 묘사했고, [덩달이시리즈]는 전혀 라이벌의식을 느낄 수 없는 캐릭터를 만들어 마음의 여유를 찾았다. 그리고 [참새시리즈]는 논리적 사고의 스트레스로부터의 해방을 찾았고, [최불암시리즈]는 기성세대로부터 받는 스트레스와 불만을 유머시리즈를 통해 날려보낸 것이다.

유머도 나이에 따라, 기호에 따라 소재의 선택을 해야 한다.

○ 오른쪽의 유머엽서를 웃음이 필요한 고운님 손에 쥐어주세요!

에덴동산이 한국에 있었다면

어느 대학교수가 수업시간에 실제로 해준 말.

"에덴동산이 한국 땅에 있었다면 인류는 타락하지 않았을지도 모른다. 일단 뱀이 이브를 유혹하기 전에 이브가 뱀을 잡아 뱀탕을 끓였을 것이다. 만약 이브가 뱀의 유혹에 넘어갔다 하더라도 아담이 이브의 말 때문에 타락하지는 않았을 것이다.

이유는,

한국남자가 여자의 말을 듣는 거 봤냐?"

유머퀴즈 씨암탉의 천적은?

POST CARD
우편엽서

보내는 사람

받는 사람

To.

*유머퀴즈 정답은 보내는이에게 물어보세요! [진짜유머] 중에서...

FUN FUN TV!

남성상위!

여성은 사랑을 바라는 것이지
이해를 바라는 것이 아니다.

인터넷 포르노 물에 관한 규제를 만든다면, 어떤 규제가 가장 효과적일까?

우리나라 최초의 오페라는 춘향전이다?

일 더하기 일은 중노동, 이 더하기 이는 덧니, 이 빼기 이는 틀니다. 그렇다면 삼 더하기 삼은?

익숙한 것과의 결별

호기심이 자극 받거나 시선을 빼앗기게 되는 것은 의외의 상황을 만났을 때이다. 그리고 의외의 상황은 유머와도 연결이 되는데, 의외의 상황을 만들기 위한 방법으로는 고정관념으로부터의 탈출에 성공해야 한다. 의외의 상황은 고정관념의 탈출을 요구하게 되고, 고정관념의 탈출은 결국 익숙한 것과의 결별을 선언할 때 가능해 진다.

예를 들면, 첫 단추를 목에서부터 끼웠으면 배꼽부터 끼워보고, 버스를 타고 출퇴근을 했으면 지하철로 출퇴근을 하고, 목적지 정류장에서 두 세 정류장 전에 내려서 버스로 가던 길을 걸어가 보고, 집으로 가는 골목길을 바꾸어 본다면 전혀 새로운 상황과 호기심을 자극하는 일들을 많이 만나게 될 것이다. 이러한 일들이 가능한 것은 익숙한 것과의 결별을 선언할 때 가능해진다. 그렇게 한다면 유머감각과 생활 속의 활력을 얻을 수 있다. 재미있다. 익숙한 것과의 결별은 의외의 상황 연출을 가능케 한다.

○ 오른쪽의 유머엽서를 웃음이 필요한 고운님 손에 쥐어주세요!

www.selfevent.com
www.hifun.co.kr

어떤 이력서

① 성명 : 한심한

② 본적 : 누굴 말입니까?

③ 주소 : 뭘 달라는 겁니까?

④ 호주 : 가본 적 없음.

⑤ 성 : 한

⑥ 신장 : 두 개 다 있음.

⑦ 가족관계 : 가족과는 관계를 갖지 않음.(내가 개냐?)

⑧ 지원동기 : 우리 학과 맹구랑 영구랑 같이 지원했음.

⑨ 수상 경력 : 수상은 커녕 줄 반장도 못해 봤음.

⑩ 자기 소개 : 우리 자기는 아주 예쁨.

POST CARD
우편엽서

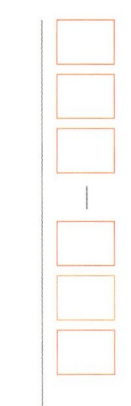

To.

* 유머퀴즈 정답은 보내주세요! [진짜유머] 중에서…

세월!

세월은 피부에 주름을 만들지만,
정열을 잃으면 마음에 주름진다.

과거의 한 사람을 현재로 데려와 인생을 다시 시작하게 할 수 있다면 누굴까?

비 오는 날 파마하면 효과가 떨어진다?
☞ ○ (습도 때문에)

하루에 100원씩 1년을 내면 1억 원을 탈 수 있는 친목계는?

▶율음모금계

마음의 변비

변비로 고생하는 사람들의 이야기는 참으로 딱하다. 좋아하는 음식도 마음껏 먹지를 못하니…

그러나 육체의 변비보다 더 심각한 것은 마음의 변비인 스트레스이다. 마음의 변비인 스트레스는 각종 정신적, 육체적인 성인병이나 현대 병으로 이어진다. 그리고 뾰족한 치료제도 없다. 그러나 유머로 치료하고 날려보낼 수 있다. 왜냐하면 고양이와 쥐는 천적(天敵) 관계이어서 둘은 절대로 같이 있을 수 없듯이 유머와 스트레스도 천적관계이기 때문에 공존할 수 없다. 웃는 사람은 스트레스를 별로 받지 않는다. 반면에 스트레스 엄청 받고 있는 사람은 아무리 재미있는 이야기를 해 줘도 잘 웃지 못하는 것을 보면 알 수 있다.

유머와 웃음은 21세기의 신약으로 각광을 받을 것이다.

❍ 오른쪽의 유머엽서를 웃음이 필요한 고운님 손에 쥐어주세요!

어떻게 알았지?

화학실험시간에 선생님이 어떤 액체에 대해 설명을 하셨다.

선생님은 갑자기 그 액체가 든 유리병에 500원짜리 동전을 떨어뜨리고 학생들에게 물었다.

"이 500원짜리 동전이 액체 속에서 녹을까, 녹지 않을까?"

어떤 학생이 얼른 손을 들고일어나서 대답했다.

"안 녹습니다, 선생님!"

선생님이 학생에게 계속해서 물었다.

"맞았다. 그런데 그 사실을 어떻게 알았지?"

그러자 학생이 이렇게 답했다.

"만일 녹는다면 선생님이 500원짜리를 넣을 이유가 없잖아요?!"

하루에 100원씩 1년을 내면 1억 원을 탈 수 있는 친목계는?

POST CARD
우편엽서

보내는사람

받는사람

To.

*유머퀴즈 정답은 보낸이에게 물어보세요! [진짜유머] 중에서...

FUN FUN TV!

생활 아이디어!

미래 산업은 정보와 환경 그리고 재활용이다.

과거로 돌아가 역사적인 인물의 시종이 되어 살아야 한다면, 누구의 시종이 될까?

토마토는 과실이 아니고 채소다?

내 것인데도 남이 더 많이 쓰는 것은?

물이 ◀

심의, 식의, 약의, 사의

동의보감(東醫寶鑑)엔 네 종류의 의사들이 나타나 있다.
① 마음의 안정과 신념을 바탕으로 치료하는 심의(心醫)
② 먹는 것(攝生)을 선별하고 조절하여 질병을 다스리는 식의(食醫)
③ 진단 후 약으로 처방하는 약의(藥醫)
④ 가짜 약을 명약(名藥)이라 속여(선의의 거짓말) 처방하는 사의(蛇醫)이다.
이들 네 종류의 의사 중 명의(名醫)는 당연히 심의이다. 왜냐하면 마음이 편하면 만사가 편하고, 마음이 꼬이면 만사가 꼬이기 때문이다.
유머 감각이 풍부한 사람은 마음의 변비를 치료해 주기 때문에 심의(心醫)에 해당하고, 명의인 셈이다.
유머 감각이 풍부한 당신을 명의로 임명합니다~!

❹ 오른쪽의 유머엽서를 웃음이 필요한 고운님 손에 쥐어주세요!

www.selfevent.com
www.hifun.co.kr

누구세요

매일 꼴찌만 하는 아이가 있었다.
아들이 매일 꼴찌만 하자 더 이상 참지 못한 아버지는 시험 전날 아들을 불렀다.
그리고는 중대발표를 하듯 한가지 제안을 했다.

"아들아, 네가 만약 꼴찌를 면하면 소원을 하나 들어주겠다. 그러나 또 꼴찌를 하면 너는 더 이상 내 아들이 아니다!"

다음날 아들이 시험을 보고 돌아왔다.
아버지는 아들에게 물었다.

"얘! 시험결과는 어떻게 됐니?"

아들이 대답했다.

"아저씨, 누구세요?"

내 것인데도 남이 더 많이 쓰는 것은?

POST CARD
우편엽서

받는사람

보내는사람

To.

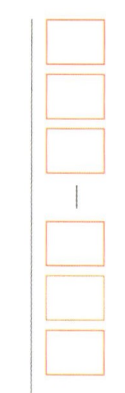

*유머퀴즈 정답은 보낸이에게 물어보세요! [진짜유머] 중에서...

인공폭포!

같은 물도 독사가 마시면 독이되고,
젖소가 마시면 우유가 된다.

유머훈련 남성 또는 여성으로서 살아가는 데 한 가지 불편한 점이 있다면 무엇이 있을까?

OX퀴즈 맥주를 많이 마시면 배가 나온다?
☞ × (안주 때문에 배가 나온다)

유머퀴즈 대령으로 제대한 사람을 무엇이라 하나?

▶ 밑 답은 뒷장 사님

21세기의 P·R(Personal Recreation)

한 때 P·R 을 [피할 것은 피하고 알릴 것은 알린다!]는 센스 있는 해석을 했었다. 그러나 21세기의 P·R 은 [Personal Recreation] 즉 새로운 자기가치 창조이다. 스스로 자신을 혁신하고 개발하지 않으면 더 이상 P·R 할 것이 없는 낙동강 오리알 신세가 된다. 남들은 스포츠카 타고 [쌩! 쌩!] 달리는고 있는데 자신만 달구지 타고 [이랴! 낄낄!]하고 따라가는 격이다. 이러한 사람은 게임이 안 된다.

한동안 우리의 사정이 몹시 어려울 때, 자동차 뒷 유리에 '다시 뛰자!' 또는 '허리띠를 졸라매자!' 라는 스티커를 붙이고 다녔다. 그러나 21세기에선 이런 것들은 통하지 않는다. 지금은 디지털 시대이고 정보사회. 뛰는 방법을 바꿔야 한다. 다시 뛰기보다는 새롭게 뛰어야 하고, 허리띠를 졸라매기보다는 머리띠를 졸라매야 한다.

21세기의 P·R 을 위해 그리고 새로운 자기 혁신을 위해 유머 감각을 키우자!

해군과 공군

해군으로 복무하고 제대한 영철이는 수영을 못하는 맥주병이었다. 그래서 친구들이 놀려댔다.

"야, 너는 해군이었는데도 수영을 못하냐?
너 해군 맞니?"

그러자 영철이가 한마디했다.

"야, 철수는 공군인데 하늘을 나냐?"

유머퀴즈 대령으로 제대한 사람을 무엇이라 하나?

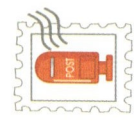

POST CARD
우편엽서

To.

*유머퀴즈 정답은 보내어 물어에 보내주세요! [진짜유머] 중에서...

인간 미사일 장착!

인간은 극한 상황일수록 오기가 생긴다.

상사병에 걸린 사람을 위해 처방한다면, 어떤 것이 가장 효과적인 명약일까?

금강산은 경치가 아름다워 4계절마다 불리는 이름이 다르다?
☞ ○ (봄:금강산, 가을:풍악산, 여름:봉래산, 겨울:개골산)

소금장수가 좋아하는 사람은?

▶ 싱거운 사람

스피드 스피치

아시나요? 사람의 안면 근육은 약 80개가 있고, 이들 중 웃을 땐 30개 가량이 사용되고, 대화 시엔 15개정도가 된다. 그런데, 사람은 나이가 들면 들수록 안면 근육을 사용하지 않고 대화를 하려는 습성이 있기 때문에 얼굴 근육이 굳어져 발음도 정확하지 않고 식사를 할 때도 자신도 모르게 국물이 옆으로 [쩌리리~]하고 흘러내린다. 이러한 현상은 나이가 들어서 나타나는 것이 아니고 안면 근육을 잘 사용하지 않기 때문에 일어나는 현상이라는 것을...
안면 근육이 굳으면, 당연히 대화에 장애가 나타나고 유머의 강도도 떨어지게 된다. 이를 해결하기 위한 방법으로 어려운 말을 빨리 하는 [스피드 스피치]를 반복해서 훈련을 하면 해결된다.
① "이 콩깍지는 깐 콩깍지냐? 안 깐 콩깍지냐?"
② "저기 저 말뚝은 말 맬 말뚝이냐? 말 못 맬 말뚝이냐?"
③ "경찰청 경!, 경찰청 찰!, 경찰청 청!, 경찰청 경찰!, 경찰청 찰청!, 경찰청 경찰청!"
스피디한 단어의 전개는 청취자로 하여금 딴 생각이 들지 못하게 하는 강점이 있지만, 실수를 하면 수습하기가 매우 어려운 약점도 있다. 강점을 살리기 위해 말을 정확한 발음으로 빨리 하는 연습을 하면 좋다.

오른쪽의 유머엽서를 웃음이 필요한 고운님 손에 쥐어주세요!

www.selfevent.com
www.hifun.co.kr

이름인 줄 알았지

수능시험이 얼마 남지 않은 고 3인 칠복이 방에 중 1인 동생 팔복이가 들렀다가 깜짝 놀라서 뛰어나왔다. 그리고 곧장 엄마에게 달려가 고자질을 했다.

"엄마, 큰일났어! 형이 책상 위에 여자 이름을 크게 써 붙여 놨어."

"그으래? 내 이 녀석을……."

– 엄마가 칠복이의 방문을 열어 젖히자

책상머리에는 이렇게 써있었다. –

'정 숙!'

소금장수가 좋아하는 사람은?

POST CARD
우편엽서

보내는 사람

받는 사람

To.

*유머퀴즈 정답은 보내이에게 물어보세요! [진짜유머] 중에서...

철저한 분리수거!

믿어주지 않으면 거짓말에 익숙해 진다.

 버스 승차 후, 지갑을 도둑 맞았다는 것을 알게 되었다. 운전기사에게 무어라 말할까?

 개구리는 이가 있고 두꺼비는 이가 없다?

 호주(오스트레일리아)의 화폐단위는?

명상 훈련

　차범근 감독은 현역 선수 시절에 다음과 같은 말을 했다. "내가 축구를 할 때는 열심히 축구공을 찼고, 휴식을 취할 때는 축구에 관한 생각을 했다." 대단한 축구 매니아다. 마찬가지로 유머를 잘 하고 싶은 사람은 휴식할 때나 명상할 때도 유머에 대한 생각을 하길 바란다. 꿈속에서도 유머에 관한 꿈을 꾼다면 금상첨화!
　올림픽의 금메달은 그 뒤에 숨은 선수의 노력을 말하고, 챔피언의 영광은 그에 걸맞은 훈련의 양이 있기 때문이다. 보약을 많이 먹었다고 해서 금메달을 따는 것이 아니다. 금메달은 연습량이 말을 해주듯이, 마찬가지로 유머 감각도 연습량으로 얻어지는 것이다. 왜냐하면 유머도 기능이기 때문에······
　명상훈련은 실제훈련의 강한 동기유발이 되고, 실제훈련에서 얻어지지 못하는 섬세한 것까지 챙기는 장점이 있다. [멍]하니 있지 말고 유머의 명상훈련이 어떨지?

○ 오른쪽의 유머엽서를 웃음이 필요한 고운님 손에 쥐어주세요!

차 비

한 남자 고등학생이 시내에 나갔다가 그만 차비를 잃어 버렸다. 용기를 내어 지나가던 여고생에게 말을 걸었다.

남학생 : 저어······. 저기······. 저······.

여학생 : 왜 그러세요?

남학생 : 저···. 차비좀 빌려주세요.

여학생 : (의외로 상냥하게) 시간 있으세요?

남학생 : (너무 좋아서) 넷, 있습니다!

여학생 : 그럼 걸어가세요.

호주(오스트레일리아)의 화폐단위는?

POST CARD
우편엽서

보내는 사람

받는 사람

To.

* 유머퀴즈 정답은 보낸이에게 물어보세요! [진짜유머] 중에서...

위풍당당!

용기는 근육과 같아서 사용할수록 강해진다.

176 진짜유머

왕으로부터 감투를 선택하여 받을 수 있다면 어떤 감투를 쓰고 싶은가?

시각 장애인은 보통 사람보다 청각이 더 발달되어 있다?
☞ X

왕이 넘어지면 뭐가 될까?

유머와 신경통

각종 신경통, 류머티스로 고생하는 사람들도 웃고 있을 때는 아픔을 전혀 못 느낀다. 왜 그럴까? 그것은 웃을 때 만들어지는 [엔도르핀] 때문이다. 더 정확히 말하면 [엔도르핀]은 웃을 때 [탈라무스] (뇌량(腦梁)에서 약 2.5㎝ 아래 있음)라는 곳에서 [베타 엔도르핀]이라는 뇌 호르몬이 분비되는데, 이 베타 엔도르핀은 몰핀의 약 300배의 진통효과를 갖고 있기 때문이다. 실제로 집안에 신경통으로 고생하시는 어르신이 계시다면 웃으실 때 신경통을 호소하나 안 하나를 관찰해보면 안다. 웃으실 때는 전혀 신경통을 호소하지 않으신다. 대단한 진통효과를 갖고 있다. 또 [엔도르핀] 1cc를 주사로 맞으려면 비용이 약 300만 원이 있어야 한다. 그러나 이러한 고액의 물질도 웃기만 하면 공짜로 생긴다. 눈물이 찔끔 나올 정도로 웃었다면 대략 100만 원어치 웃은 폭이 되고, 배가 아플 정도로 웃었다면 1만 원어치 웃은 폭이 된다. 얼마나 좋은가? 꿩 먹고 알 먹은 것이다.

◆ 오른쪽의 유머엽서를 웃음이 필요한 고운님 손에 쥐어주세요!

마마, 들켰사옵니다!

때는 바야흐로 조선 중기, 임금님께서 민생을 살피려 평민 차림으로 변장을 하고 신하와 함께 모녀가 운영하는 마을 주막엘 들렀다.

신 하 : 여보시게!

딸 : (묵묵부답)

신 하 : 아, 여보시게!

딸 : 아니, 귀찮게 왜 이러세요!

- 그때 엄마가 -

엄 마 : 얘야, 내가 그렇게 가르쳤니? 손님은 왕이랬잖아!

- 그때 신하가 임금을 보며 하는 말 -

"마마, 들켰사옵니다!"

왕이 넘어지면 뭐가 될까?

POST CARD
우편엽서

받는 사람

보내는 사람

To.

* 유머퀴즈 정답은 퍼너에게 물어보세요! [진짜유머] 중에서...

FUN FUN TV!

딱걸렸어!

무덤까지 가져가기로한 비밀을 털어 놓는 것은
무덤을 파는 일이다.

178 진짜유머

유머훈련 애인에게 [이것만은 결혼 전에 꼭 알아야 한다]고 말하고 싶은 내용은 무엇일까?

OX퀴즈 선인장의 가시는 줄기가 변해서 된 것이다?
☞ × (잎이 변한 것이다)

유머퀴즈 세상에서 가장 성질이 급한 닭은?

개그맨 따라잡기
▶정답다름

가족과의 유머

  살아가는 동안 격려와 칭찬을 가장 많이 받는 곳은 가정이다. 반면에 살아가면서 가장 환영받지 못하고 인정받지 못하는 곳도 가정이다. 왜냐하면 누구보다 서로의 성격을 잘 알고있기에, 누구보다 많은 시간을 함께 보냈기에...
  유머 훈련장으로 자동차도 좋지만 가장 좋은 곳은 가정이다. 왜냐하면 성공하면 성공이고 실패해도 성공가도(?)에 지장을 주지 않기 때문이다. 그리고 가족을 웃길 수 있으면 타인을 웃길 수 있는 확률은 100%이다. 왜냐하면, 가족은 자신에 대해 속속들이 알고 있고 또 어지간한 유머 강도로는 잘 웃지 않는 대상이기 때문이다. 난이도에 따라 대상분류를 한다면 높은 등급이다. 왜냐하면 가족은 [동정표]나 [핸디]를 잡아주지 않는 엄격한 심사위원이기 때문이다.

○ 오른쪽의 유머엽서를 웃음이 필요한 고운님 손에 쥐어주세요!

주한미군이 주둔하는 이유

형인 삼용이와 동생인 삼식이 형제가 텔레비전에서 미국의 응급구조요원들의 이야기를 다룬 '긴급구조 911'이라는 프로를 보고 있었다.

삼식이 : 형, 만약에 급한 일이 있으면 우리도 911로 연락하면 되겠네?

삼용이 : 이 바보야. 저기는 미국이니까 OOX를 누른 다음 911로 연락을 해야지.

삼식이 : 그럼 미국에서 오는 데 시간이 걸리잖아.

삼용이 : 야, 이 바보야! 주한미군이 왜 있냐?

유머퀴즈 세상에서 가장 성질이 급한 닭은?

POST CARD
우편엽서

보내는 사람

받는 사람

To.

*아무퀴즈 정답은 보내어 보내세요! [진짜유머] 중에서...

FUN FUN TV!

와인드업!

인간은 군대의 침입에는 저항하지만,
사상의 침입에는 저항하지 않는다.

180 진짜유머

상사병이라는 진단을 내릴 만한 근거가 되는 증상들이 있다면, 어떤 종류가 있을까?

벼룩은 날개가 없다?　　　　　　　　　　☞ ○

[개가 사람을 가르친다]를 4자로 줄이면?

개그매 따라잡기

비용과 효용

　효용(效用)이 비용(費用)을 앞서면 이익(利益)이 발생하고, 비용이 효용을 앞서면 손실(損失)이 발생한다. 사람은 좀더 나은 환경과 자신을 만들기 위해 투자를 하고 공부를 하며 하루에도 수백 번씩 계산기를 두드린다. 돈(?) 때문이다.
　유머 감각을 위해 유머러스한 사람과의 만남을 자주 갖는 것은, 유머 감각을 키우는데 있어서 큰 도움이 된다. 쌀집 개의 털은 하얗고, 연탄집 개의 털은 까맣다. 둘 다 환경에 의한 결과이다. 마찬가지로 유머 감각이 있는 사람과 같이 대화를 하다보면 자신도 몰라보게 유머 감각이 좋아진다. 유머 감각이 있는 사람을 만나면 비용이야 들겠지만 그래도 돈으로 따질 수 없는 효용이 더 크다. 고액 과외(?) 수업을 받는 것이다.

❖ 오른쪽의 유머엽서를 웃음이 필요한 고운님 손에 쥐어주세요!

벼룩시장

① 집 팝니다. 여탕이 훤히 내려다보이는 문화주택! 시력 감퇴로 인해 염가 처분합니다.

② 1종 운전면허증 구합니다. 전 2종을 갖고 있습니다. 1종 2장과 교환을 원합니다.

③ 표 삽니다. 이번 국회의원 선거에 입후보한 기호 13번 나죽네의원입니다. 지역주민 여러분의 표를 적당한 가격에 대량 매입합니다.

④ 잃어버린 개를 찾습니다. 순수 토종 변견이며, 이름은 말복이! 찾아주시는 분께는 사례로 두 근 반을 드리겠습니다.

[개가 사람을 가르친다]를 4자로 줄이면?

POST CARD
우편엽서

보내는 사람

받는 사람

To.

*유머퀴즈 정답은 보낸이에게 물어보세요! [진짜유머] 중에서...

숨통!

지능이 시장을 지배하는 시대가 아니라
감각이 시장을 지배한다.

182 진짜유머

유머훈련 어떤 잡지 든 상관없이 표지 모델이 될 수 있다면 어떤 잡지의 표지 모델이 될까?

OX퀴즈 열대어가 입을 맞추는 것은 애정의 표현이다?
☞ X (수컷끼리 싸움)

유머퀴즈 병아리가 제일 잘 먹는 약은?

개그맨 따라잡기

▶삐악

인터넷

달나라가 이웃나라가 되고, 지구가 하나로 묶여 광속(光速) 정보를 주고받는 시대가 열렸다. 이러한 일을 가능하게 만든 주범(?)은 컴퓨터라는 [미디어 매체]다. 미디어는 5단계로 구분한다.
① 구전(口傳) 시대
② 지면(紙面) 시대
③ 전파(電波) 시대
④ 멀티미디어 시대
⑤ 이벤트(event) 시대

인터넷을 통한 정보통신은 멀티미디어 시대에 해당한다. 이 시대의 강점은 짧은 시간에 많은 정보를 주고 받을 수 있다는 것이다. 인터넷을 할 줄 아는 사람은 정보의 바다에서 자신이 원하는 정보를 얼마든지 손쉽게 넣을 수 있고, 최신 유머에 대한 정보를 적은 비용으로 많이 챙길 수 있다. [컴맹]을 탈출하면 [유머치(?)]를 탈출할 수 있다.

◯ 오른쪽의 유머엽서를 웃음이 필요한 고운님 손에 쥐어주세요!

www.selfevent.com
www.hifun.co.kr

아기도 힘들다

① 싼 데다 또 싸도 **"요즘 기저귀가 참 좋아!"** 하면서 안 갈아줄 때
② 자기가 낳아 놓고 **"누구를 닮아 이렇게 못생겼어!"** 라고 푸념할 때
③ **"아빠!" "엄마!"** 도 발음하기 힘든데 **"작은할머니 해봐!"** 라고 할 때
④ 아무리 빨아도 엄마 젖이 나오지 않을 때
⑤ 자꾸 웃으라고 윽박지를 때
⑥ 내 자존심은 생각하지 않고 아무 곳에서나 벗기고 기저귀 갈 때
⑦ 기는 것도 힘든데 과자 한 조각 눈앞에 디밀며 걸어보라고 할 때

유머퀴즈 병아리가 제일 잘 먹는 약은?

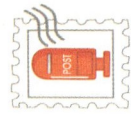

POST CARD
우편엽서

보내는 사람

보내는 사람

To.

*유머퀴즈 정답은 보낸이에게 물어보세요! [진짜유머] 중에서...

FUN FUN TV!

자급자족!

견디기 힘든 고통이라는 것은,
견딜수 없는 고통의 반대말이다.

 **유머훈련** 연예계로 진출하려고 한다. 팬들의 마음을 사로잡을 만한 예명을 짓는다면?

 **OX퀴즈** 대나무는 나무가 아니라 풀이다? ☞ ○

 **유머퀴즈** 소주와 새우깡을 함께 먹으면?

만화와 신문

만화와 신문의 장점은, TV 같지 않아 보고 또 볼 수 있다는 것이다. 즉, 자료정리를 해 두면 언제고 자신이 원하는 내용을 손쉽게 찾아 다시 확인할 수 있다는 것이다. 따라서 재미있는 만화책과 신문의 만화(만평) 등은 생활 속의 유머 교재이다. 특히 4칸 짜리 만평은 풍자의 정점에 있는 작품(?)들이다. 만화에서 전개되는 절제된 단어와 압축된 어휘력 그리고 이야기를 풀어나가는 방식 등은 감탄을 금치 못하게 한다. 신문에 실려있는 사설이나, 유명인사가 한 짧은 말들은 풍자(諷刺)하기에 아주 좋은 자료가 된다. 그렇기 때문에 항시 신문과 만화를 소홀히 취급하지 않고 스크랩을 하는 사람은, 그것이 좋은 유머 밑천이라는 것을 아는 사람이다.

"아는 이는 안다!"

◐ 오른쪽의 유머엽서를 웃음이 필요한 고운님 손에 쥐어주세요!

군대에서 1

대한민국 남자라면 누구나 다(?) 가는 곳, 군대.
[작대기] 1개를 얻기 위해 모진 고생을 다하며 빨간모자 교관에게 발발 기어다니던 훈련소 시절이 있다. 그러나 어디나 [골통]은 있는 법.
빨간모자를 눌러쓴 교관이 훈련병들에게 말했다.
"너희들은 이제 더 이상 사회인이 아니다. 앞으로 사회에서 쓰던 말투를 버려라. 모든 질문에 대답은 [예, 그렇습니다!] [저 말씀이십니까?]와 같이 [~다]와 [~까]로 끝을 맺는다. 모두 알겠나!"
한 훈련병이 대답했다.
"알겠다!"
황당해진 교관은 화를 내며
"이런 정신나간... 야, 여기가 사회인 줄 아나!
모든 대답은 항상 [~다]와 [~까]로 끝난다!
무슨 소리인지 알겠나!"
그 훈련병이 다시 대답했다.
"알았다니까!"

 유머퀴즈 소주와 새우깡을 함께 먹으면?

POST CARD
우편엽서

보내는 사람

받는 사람

To.

*유머퀴즈 정답은 보낸이에게 물어보세요! [진짜유머] 중에서...

FUN FUN TV!

역할분담!

남자를 남자답게 만드는 것은
싸움도 아니고 군대도 아닌
한 여자의 손길이다.

애정 전선에 이상이 생겼다. 가장 먼저 누구에게 자문을 구하겠나?

전자레인지는 비타민을 파괴한다? ☞ × (잘 보존된다)

서로 자기가 최고라고 싸우고 있는 귀신은?

이야기의 주도권

친구나 동료들이 모이면, 이야기의 주도권을 잡는 사람이 항상 있기 마련이다. 그런 일이 가능한 이유는 다음과 같은 경우이다.
① 돈이 많다.
② 말발(?)이 좋다.
③ 호기심을 자극하는 어휘력을 구사한다.
④ 카피문구(압축되거나 함축된 단어)를 많이 쓴다.
⑤ 유머감각이 풍부하다.
독자는 위의 5개 항목 중 어디에 해당하는지 스스로 질문을 해 보길 바란다.
그리고 유머 감각을 키우는데 있어서 이야기의 주도권을 잡는 것은 매우 효과적이다. 일단 이야기의 주도권을 잡고 나가다 수습이 잘 안 되더라도 기회가 있을 때마다 쉬지 말고 주도권을 잡고 봐라. 빨리빨리 많은 실패를 경험해야 신속한 발전을 할 수 있다. 어렵고 힘들고 난처한 일이 생기더라도 끈기를 갖고 계속해야 한다. 세상에 공짜는 없으니까...

용호상박(龍虎相搏)

시어머니가 신혼여행에서 돌아온 며느리에게 말했다.

시어머니 : 나는 긴 말하는 거 싫어한다. 손가락을 이렇게 까딱 하면 오라는 신호니까 그리 알고 잽싸게 오너라.

며 느 리 : 저도 긴 말하는 거 싫어해요, 어머니. 제가 이렇게 고개를 가로로 흔들면 못 간다는 신호니 그리 아세요.

서로 자기가 최고라고 싸우고 있는 귀신은?

POST CARD
우편엽서

보내는 사람

받는 사람

To.

* 유머퀴즈 정답은 보낸이에게 물어보세요! [진짜유머] 중에서...

FUN FUN TV!

너죽고 나살자!

사나운 개는 콧등이 아물 틈이 없다.

유머훈련 애인의 질투심을 유발하기 위한 가장 효과적인 방법은 무엇일까?

OX퀴즈 물고기도 기침을 한다?
☞ O (오염된 물일수록 더 심하게 한다.)

유머퀴즈 위에서 아래로 자라는 것은 고드름이다.
제멋대로 자라는 것은?

◀ 이드름

모르면 자세히

유머 감각이 있는 사람은 그렇지 않은 사람보다 유리한 점이 한둘이 아니다. 왜냐하면 유머 감각도 이젠 경쟁력이 되었기 때문이다.
남을 웃기다 보면 곤경에 처할 때가 있다. 예화(例話)나 자료 인용시 틀리거나 정확하지 않은 수치를 말했을 때이다. 더군다나 내가 잘 모르는 것에 대한 전문가가 있어서 내가 한 말에 대해 바로잡는 말이라도 한다면 쥐구멍이라도 찾고 싶은 심정이 된다. 모르는 것을 모른다고 말하는 것이나, 모르는 것에 대해 질문을 하는 것은 창피하거나 부끄러운 것이 아니다. 하지만 유머의 예화나 자료로 인용하는 것에 대해선 확인 작업을 거쳐 자세히 알고 난 후 사용해야 한다. 그렇지 않으면 [숨소리만 빼곤 전부 거짓말하는 인간]이란 별명이 붙을 수 있다.

몽땅 다 잡수?

덩달이가 다른 차들처럼 덩달아 과속으로 신나게 자유로를 질주하다가 교통경찰에게 적발되었다. 덩달이는 자기만 적발된 것에 불만을 갖고 경찰에게 따졌다.

덩달 : 다른 차들도 다 빨리 달리는데 왜 나만 세우는 거요?

경찰 : 낚시 해봤수?

덩달 : 물론이오.

경찰 : 그럼 댁은 낚시터의 물고기를 몽땅 다 잡수?

유머퀴즈 위에서 아래로 자라는 것은 고드름이다.
제멋대로 자라는 것은?

POST CARD
우편엽서

보내는 사람

받는 사람

To.

*유머퀴즈 정답은 보내이에게 물어보세요! [진짜유머] 중에서...

집념!

물고기는 언제나 입에 낚시바늘이 걸린다.
사람도 역시 입으로 걸리게 된다.

 공개 구혼 프로그램에 출연하여 20자 내외로 자신을 소개해야 한다면 어떻게 소개할까?

 달팽이 코는 4개이다?

 임꺽정이 타고 다니는 차는?

시너지 효과

[시너지 효과]는 두 개 이상의 요소가 서로 작용하여 동반 상승효과를 얻는 것을 말하는 것이다. 기업의 생산성 향상을 위한 노사의 화합, 공존 공영을 남녀의 평등, 국태민안(國泰民安)을 위한 여야의 상생(相生) 정치 등은 [시너지 효과]가 목표로 하는 결정체다.
  대화에 있어서도 마찬가지다. 대화의 내용 중 유머가 없다면 대화의 내용이 무미건조(無味乾燥)해 지고, 유머의 내용 중 메시지가 없다면 이 또한 속 빈 강정이 된다. 따라서 유머가 없는 대화도 문제지만, 처음부터 끝까지 남을 웃기려고만 해도 문제가 된다. 둘이 서로 조화를 이루어야 한다. 그렇게 되면 [시너지 효과]를 얻을 수 있다.
  마치 커피에 프림이 녹듯이……

○ 오른쪽의 유머엽서를 웃음이 필요한 고운님 손에 쥐어주세요!

술이도둑

어느 경찰서에 술이 잔뜩 취해서 혀가 꼬부라진 남자로부터 전화가 걸려왔다.

취객 : 경찰서죠? 내가 술 한잔하고 차에 왔더니 아, 글쎄! 도둑놈이 내 차 안에 있는 걸 다 떼어갔지 뭐요.

경찰 : 도난 당한 물건은 무엇입니까?

취객 : 카오디오, CD체인저, 네비게이션, 그리고 이 지독한 놈이 핸들하고 페달까지 몽땅 다 떼어 갔단 말이오. 이런 놈은 잡아 족쳐야 해요!

경찰 : 지금 곧 그쪽으로 사람을 보내겠습니다.
  - 잠시 후, 그 남자에게서 다시 전화가 왔다. -

취객 : 사람을 안 보내도 괜찮겠어요. 앞 좌석에 앉으니까 다 있네요.

임꺽정이 타고 다니는 차는?

POST CARD
우편엽서

받는사람

보내는 사람

To.

FUN FUN TV!

마실 만큼!

술은 인격을 반사하는 거울이다.

*유머퀴즈 정답은 보내이에게 물어보세요! [진짜유머] 중에서...

핵무기 발사를 위한 3개의 비밀번호를 알고 있어야 할 세 사람은 누구라야 안전할까?

지렁이는 몸이 동강나도 잘린 두 부분이 계속 산다?
☞ × (앞쪽만 살아남는다)

죽는 줄 알면서도 어쩔 수 없이 먹는 것은?

나이 ◀

피에로와 팬터마임

말이란 사람이 살아가는 동안 꼭 필요한 수단이기도 하지만, 때론 공해가 되어 머리를 어지럽게 하거나 혼란스럽게까지 한다. 우리에게 피에로(광대)가 부담 없고 친숙하게 느껴지는 이유는 라이벌 의식을 주지 않으면서 말을 안 하기 때문이다. 어떤 이는 토끼를 피에로 만큼이나 좋아한다. 왜냐하면 말을 안(?) 하니까. 피에로는 고작해야 입 속의 [삑삑이] 하나가 의사표현 수단의 전부이다. 표정과 몸 동작으로만 자신의 모든 의사표시를 해야 한다. 그럼에도 불구하고 완벽한 의사전달로 보는 이들로 하여금 웃음을 자아내고 눈물나게 한다. 사람은 말을 하지 않아도 충분히 의사전달을 할 수 있다. 유머의 훈련을 위해서 피에로와 팬터마임(무언극) 전문가의 동작들을 연구하고 터득한다면 강한 유머를 구사할 수 있다. 여기에서 강조할 사항은 실제로 자신이 거울을 보면서 연습하는 것도 효과적이지만, 여건이 된다면 자신의 표정, 언어, 동작 등을 비디오 촬영을 하여 반복하여 보면서 다듬는 것이 좋다.

○ 오른쪽의 유머엽서를 웃음이 필요한 고운님 손에 쥐어주세요!

가장 억울하게 죽은 사람

달리는 버스가 뒤집어져 많은 사람이 죽었다. 가장 억울하게 죽은 사람 네 명 꼽으면?

① 결혼식이 내일인 사람.

② 시내 방향차를 종점 방향차로 잘못 알고 탄 사람.

③ 졸다가 못 내리고 한 정거장 더 가는 바람에 죽은 사람.

④ 버스가 출발하는데도 달려와 억지로 세워 간신히 올라 탔던 사람.

죽는 줄 알면서도 어쩔 수 없이 먹는 것은?

POST CARD 앞 편 엽 서

받는사람

보내는사람

받는사람

To.

*유머퀴즈 정답은 보낸이에게 물어보세요! [진짜유머 중에서...]

FUN FUN TV!

뒤집혀도 간다!

운전을 잘한다는 것은
속도가 아니라 안전이다.

 월 화 수 목 금 토 일, 이 중에서 영원히 달력에서 사라지게 하고 싶은 요일은?

 냉면의 계란은 먼저 먹는 것이 좋다?
☞ ○   (위벽보호와 소화흡수를 도움)

 독수리 5마리가 모이면 독수리 5형제이고, 쥐 네마리가 모이면?

A/S, B/S, I/S

A/S(After Service)는 상품을 판 후, 시집보낸 딸처럼 보살피는 것이다. B/S(Before Service)는 상품을 팔기 전 서비스를 하는 것이다.(예; 겨울철 에어컨 예약 판매 등) I/S(Image Service)는 이미지 서비스다.

요즘 기업들은 개별 상품을 선전하기보다는 자사의 이미지 홍보(I/S)에 주력하고 있다. 왜냐하면 소비자들은 어떤 회사의 이미지(브랜드 파워)가 마음에 들면 그 회사의 모든 제품에 대해 신뢰를 갖고, 구매활동에 들어가기 때문이다. 이처럼 이미지는 회사나 개인이나 매우 중요한 시대가 되었다. 정치인이라면 특히 더 그렇다.

유머에서도 마찬가지다. 유머의 소재로 음담패설이나 지저분한 느낌의 것을 습관적으로 사용하면 듣는 이들로 하여금 [원래 쟤는 지저분한 인간이야!]라는 낙인이 찍힌다. 이렇게 찍힌 낙인은 평생을 가기 때문에 처음부터 조심해야 할 일이다. 제일 중요한 I/S에서 실패한 것이고, 회복하려면 엄청 힘들다. 아니 어쩌면 만회(挽回)가 안 될 수도 있다.

◎ 오른쪽의 유머엽서를 웃음이 필요한 고운님 손에 쥐어주세요!

www.selfevent.com
www.hifun.co.kr

그 아버지에 그 아들

아들 삼형제와 아버지가 달력을 보면서 이야기 하고 있다.

막내 : 월 화 수 목 김 토 일…….

둘째 : 이런 바보, 김이 아니라 금이야. 내가 읽을께잘 봐. 월 화 수 목 금 사 일.

첫째 : 아니, 이런 멍청이. 그건 사가 아니라 토야. 자, 봐. 월 화 수 목 금 토 왈.

이걸 보고 있던 아버지가 답답한지 말했다.

"니네들 한문 실력이 왜 그 모양이냐? 얘, 막내야. 아빠가 가르쳐 줄 테니 왕편 좀 갖고 와라."

 독수리 5마리가 모이면 독수리 5형제이고, 쥐 다섯마리가 모이면?

POST CARD
우편엽서

To.

1초후!

아버지는 매일 머리가 셋달린 용과 싸우러간다.
피로와 끊임없는 일, 그리고 직장상사…

*유머퀴즈 정답은 보낸이에게 물어보세요! [진짜유머] 중에서…

내일이면 떠나는 애인을 영원히 기억하기 위해 한 가지 물건을 간직한다면 무엇을?

땅콩은 견과류다? ☞ X (콩류다)

사과를 깎을 때, 과도로 사과를 한 대 [톡!] 때린 다음 깎는 이유는?

기다리세요▶

싱거운 사람

예로부터 우스개 소리를 잘 하는 사람에게 어른들은 [싱거운 놈!]이란 말을 했다. 이런 말을 하는 사람들의 특징은 웃을 줄만 알았지 남을 웃길 줄 모르는 사람이다. 그렇다고 잘 웃어주느냐 하면 그런 것도 아니다. 괜히 근엄한 척 하면서 쓸데없는 [폼]을 잡고 있는 사람이다. 이렇게 웃음을 우습게(?) 알거나 억지로 참는 사람은 빨리 죽기를 작정하고 있는 사람이다. 왜냐하면 웃음의 효과와 효능에 대해 모르기 때문에 혜택을 보지 못하기 때문이다. 이러한 사람들을 만나도 신경 쓸 필요가 없다. 그냥 그렇게 살게 놔 둘 수밖에…

그러나 한편으론 이해가 되는 부분도 있다. 우리나라의 잘못된 유교의 전통과 엄한 가정교육 속에서 자라난 탓도 있고, 유머 속에 메시지가 없고 영양가가 없었기 때문이다. 어떻든 유머는 맹물에 설탕이 될 수 있고, 소금이 될 수도 있는 천연 조미료임에는 틀림없다.

◐ 오른쪽의 유머엽서를 웃음이 필요한 고운님 손에 쥐어주세요!
www.selfevent.com
www.hifun.co.kr
197

땅콩 주세요

초등학교 앞 구멍가게에 학생 3명이 들어왔다.
한 학생이 주인아저씨에게 말했다.
"아저씨, 땅콩 한 봉지만 주세요!"
땅콩을 선반 제일 높은 곳에 올려놓았던 주인아저씨는 낑낑거리며 사다리를 가져다 땅콩을 꺼내주었다.
사다리를 제자리에 갖다놓고 두 번째 학생에게 물었다.
"학생은 뭘 줄까?"
그러자 학생이 밉살맞게 말했다.
"아저씨, 저도 땅콩 한 봉지만 주세요!"
아저씨는 또 사다리를 가져다 선반에 올라갈 생각을 하니 눈 앞이 캄캄했지만 할 수 없이 땅콩을 꺼내주었다.
아저씨는 사다리를 선반에 그냥 둔 채 세 번째 아이에게 말했다.
"너도 땅콩 한 봉지 살거니?"
"아뇨."
주인아저씨는 아이의 대답에 얼른 사다리를 제자리에 옮겨 놓은 후 땀을 닦으며 물었다.
"너는 뭐가 필요하니?"
그러자 아이가 상냥한 목소리로 대답했다.
"저는 땅콩 두 봉지 주세요!"

사과를 깎을 때, 과도로 사과를 한 대 [톡!] 때린 다음 깎는 이유는?

POST CARD
우편엽서

To.

*유머퀴즈 정답은 보내이에게 물어보세요! [진짜유머] 중에서...

FUN FUN TV!

싫다니까!

극복할 어려움이 없다면,
위대해질 수도 없다.

198 진짜유머

 **유머훈련** 우리나라에서 있는 법 중, 불필요한 법을 한가지 없애버릴 권한이 주어진다면?

 OX퀴즈 소는 색맹이다? ☞ ○

 **유머퀴즈** 앉아 있기가 아주 불편한 방석은?

 개그맨 따라잡기   ▶비룡유식◀

내일은 없다

오늘을 내 인생 최고의 날로 만들어야 한다. [오늘]이라는 시간은 [어제] 죽은 사람이 그렇게도 간절히 살기를 바랬던 [내일]이기 때문이다… [우리에게 내일은 없다!]라고 말하면 반발하는 사람들이 많을 것이다. 그러나 내일은 없다. [내일]이 [오늘]이 되면, 우리가 생각했던 [내일]은 [오늘]이 되어버렸기 때문이다. [진정한 웃음을 웃는 사람은 나중에 웃는 사람]이라고 누군가 말했다. 하지만 이 말을 믿지 마라! 지금 웃는 사람이 잘 웃는 사람이다. 지금 잘 해야 나중 일이 보장받듯이, 지금 웃어야 웃는 것이지, 나중에 웃을 수 있을지 없을지 아무도 모른다. 현대는 한치 앞을 내다볼 수 없는 불확실성(不確實性)의 시대. 지금 웃지 않으면 웃음은 없다.

지금 웃자! 하! 하! 하! 하!

❶ 오른쪽의 유머엽서를 웃음이 필요한 고운님 손에 쥐어주세요!

www.selfevent.com
www.hifun.co.kr   **199**

자리 양보

어느 할머니가 버스를 탔다. 마침 할머니가 서 있는 자리 앞 좌석에는 학생이 앉아 있었다.

그 학생은 자는 척하다가 내려야 할 곳을 그만 지나치게 되었다.

황급히 잠에서 깬 척하고 일어나는 학생에게 할머니가 큰 소리로 말했다.

"왜, 좀더 개기지 그래?"

 앉아 있기가 아주 불편한 방석은?

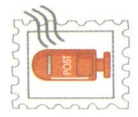

POST CARD
우편 엽서

받는사람

보내는사람

To.

* 유머퀴즈 정답은 보낸이에게 물어보세요! [진짜유머] 중에서...

무대포주차!

자리에 연연할수록 받는 대접은 형편없다.

200 진짜유머

분야에 상관없이 시작만 하면 챔피언이 될 수 있다.
어떤 종목의 스포츠를 할까?

말은 서서 잔다?   ☞ ○

집 한 채를 통째로 떠내려가게 하는 비는?

웃음과 울음

　희극의 반대는 비극이다? 그렇다. 그렇다면 웃음의 반대는 울음인가? 아니다. 웃음과 울음은 동전의 양면처럼 통하는 면이 있다. 우선 울음을 울어도 스트레스 해소와 체내의 유독 물질 이 함께 배출되는 효과가 있고(유머만큼은 아니지만) 또 실컷 울고 나면 [카타르시스]를 경험하게 된다. 이와 같은 이유 때문에 평균적으로, 여자들이 남자보다 7년 정도 더 오래 살고 있다. 이것은 여자들은 슬플 때 울고 기쁠 때 웃는 기능이 남자보다 뛰어나기 때문이다.

　그렇다면 웃음의 반대는 무엇인가? 웃음의 반대는 고지식과 고정관념으로 인한 스트레스이다. 왜냐하면 웃음은 여유와 이완상태에서 나오는 정신적인 현상이기 때문이다.

○ 오른쪽의 유머엽서를 웃음이 필요한 고운님 손에 쥐어주세요!

럭키 세븐

　어느 날 칠복이가 꿈을 꾸었는데, 도저히 무슨 꿈인지 생각이 나지 않았다.

　그런데, 숫자 7만이 어렴풋이 생각났다. 그때 달력을 보니 7월 7일이었다. 다시 시계를 보니 바늘이 7시 7분 7초를 막 지나고 있었다.

　그래서 칠복이는 오늘은 뭔가 되는 날이구나 생각하고, 은행에 들러 예금잔액을 모두 찾아 가지고 나왔다. 그때 마침 7번 버스가 와 얼른 탔는데, 이 버스가 경마장에서 서는 게 아닌가! 칠복이는 신의 뜻이라 생각하고 경마장으로 막 들어가니, 7번 경기가 막 시작되려는 참이었다.

　우와! 세상에 이럴 수가? 그래서 칠복이는 7번 말에 전 재산을 몽땅 걸었다.

　아! 그런데, 이놈의 말이 글쎄.

　<u>으흐흐흐</u>, 7등을 했지 뭡니까?

집 한 채를 통째로 떠내려가게 하는 비는?

POST CARD
우편엽서

보내는 사람

받는 사람

To.

*유머퀴즈 정답은 보낸이에게 물어보세요! [진짜유머] 중에서...

202 진짜유머

개꿈!

근면하지 않으면 요행으로 사는 삶이다.

미인에 대한 기준은 사람마다 각기 다르다. 내가 생각하는 미인의 조건은 무엇인가?

냉장고 문을 열어두면 실내온도는 내려가지 않고 오히려 올라간다? ☞ ○

먹고 살기 위해 하는 내기는?

뒤로◀

옛말과 의학

우리나라의 김치는 세계적으로 알려진 건강 발효식품이다. 건강과 식품에 대한 우리 조상들이 후손에게 유산으로 물려준 훌륭한 먹거리의 보고(寶庫)이다. 또 우리 조상들이 후손에게 남긴 웃음에 대한 말 중에는 [웃으면 복이 온다!] [웃는 낯에 침 못 뱉는다!] 그리고 [웃으면 젊어지고 화내면 쉬 늙는다!]라는 말들이 있다. 이 모두가 의학적으로 모두 증명된 말들이다. 이러한 것들은 의학적으로 밝혀지기 전에 이미 우리 조상들이 삶의 지혜와 풍부한 경험에 의해서 터득한 말들이다.

아시나요? 웃으면 횡경막의 운동으로 장이 마사지를 받아 튼튼해지고, 복근력이 강화되어 정력이 넘치고, 괄약근의 운동으로 젊음을 유지시켜 준다는 것을...

웃는 가정은 행복하다! 웃는 얼굴은 좋은 인간관계를 약속한다! 웃으면 병원에 열 번 드나들 것을 한 두 번으로 끝낸다!

❤ 오른쪽의 유머엽서를 웃음이 필요한 고운님 손에 쥐어주세요!

둘이 먹다가 하나가 죽어도 모른다

① 소개팅 때 내숭 떠느라 조금 먹고 집에 와서 밥통째 끌어안고 먹는 비빔밥.
② 오빠 소풍날 아침에 얻어먹는 김밥 꽁다리.
③ MT가서 아무 것이나 넣고 끓여 코펠 뚜껑에 비벼 먹는 잡탕찌개.
④ 체육시간에 교실 지킨다고 남아서 훔쳐먹는 친구 도시락.
⑤ 수학여행 가서 밤중에 선생님 몰래 마시는 소주 한잔.
⑥ 군대에서 보초 서다가 와서 먹는 컵 라면.
⑦ 제사 때 엄마한테 맞아가며 집어 먹는 동그랑땡.
⑧ 1주일 동안 병원 밥만 먹다가 퇴원, 집에 와서 엄마가 해주는 밥.

먹고살기 위해 하는 내기는?

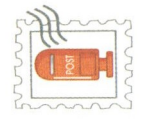

POST CARD
우 편 엽 서

보내는 사람

받는 사람

To.

*유머퀴즈 정답은 보내이에게 물어보세요! [진짜유머] 중에서...

먹는거야? 보는거야?

없는 놈은 못 먹어 병나고,
있는 놈은 너무 먹어 병난다.

친구가 사 준 복권이 1등으로 당첨!!! 이 사실을 알고 있는 친구에게 뭐라고 말할까?

고사상의 돼지머리 중 행운을 상징하는 것은 코이다? ☞ ○

가장 급하게 만들어 먹는 떡은?

▶ 答은뒤쪽

동심과 어휘력

아이가 성장하여 어른이 되어도 동심의 세계는 항상 그리움으로 자리잡고 있다. 개인적인 차이는 있지만, 심리학적으로 볼 때 12~14세를 전 후로 한 기억들은 어른이 되어도 마음 한구석에 늘 동심의 세계로 자리잡고 있다고 한다. 즉, 사춘기 전후로 한 기억들이 주로 동심의 기억으로 자리잡고 있다는 말이다.

어린아이는 사물을 보는 눈이 순수하다. 그리고 한정된 어휘력(단어)으로 모든 사물을 표현하기 때문에 정확성은 다소 떨어지기도 하지만, 참신하고 귀엽고 기발하기까지 한 표현을 해댄다. 그렇기 때문에 어린아이의 어휘력을 잘 듣고 행동을 관찰한다면 좋은 유머의 소재를 얻을 수 있다.

① 엄마, 나 지금 다리가 빤짝거려!(다리에 쥐가 났을 때)
② 야~아, 미숫가루다!(생전 처음 바닷가의 백사장을 봤을 때)
③ 우~와, 우리 엄마 참 맛있게 생겼다!(예쁘게 화장을 한 엄마를 발견했을 때)

❀ 오른쪽의 유머엽서를 웃음이 필요한 고운님 손에 쥐어주세요!

속았지롱

꾀가 많기로 소문난 잔머리 일병이 휴가를 얻어 고향에 돌아왔다. 기분 좋게 택시를 불러 탄 것까진 좋았는데 목적지에 가까워질 무렵 문득 호주머니를 뒤져보니 돈이 한푼도 없었다.

지금이 바로 자신의 기지를 발휘할 때라고 판단한 잔머리 일병은 운전기사에게 소리쳤다.

"아저씨! 담배 좀 사게 저기 담배가게 앞에서 잠깐만 세워주세요! 그런데 아까 차안에서 10만원 짜리 수표를 떨어뜨렸는데 어두워서 그런지 도무지 못찾겠네요."

그리고선 급히 담배가게로 뛰어들어갔다. 뒤돌아보니 아니나 다를까 택시는 쏜살같이 어둠 속으로 사라져가고 있었다.

가장 급하게 만들어 먹는 떡은?

POST CARD
우편엽서

받는 사람

보내는 사람

To.

* 유머퀴즈 정답은 보내주에게 물어보세요! [진짜유머] 중에서...

FUN FUN TV!

속았지롱!

돈으로 산 충성심과 친절은
돈과 같이 사라진다.

유머운련 현역 스포츠 선수 중 한 명으로 변신할 수 있다면, 누구로 변신할까?

OX퀴즈 광견병은 개만 걸린다? ☞ X (고양이도 걸린다)

유머퀴즈 개가 달릴 때 혓바닥을 빼고 달리는데 그 이유는?

개그맨 따라잡기

◀ 따리기 곧 옹을 기간 상해

딴전 피우기

　유머 제끼기에서 빼 놓을 수 없는 것이 [딴전 피우기] 기술이다. 누가 말을 하면 꼭 거기에 걸맞는 말을 꼬박꼬박 해야 되는 것은 아니다. 때로는 엉뚱한 말이나 행동으로 받아치면서 딴전을 피우면, 사람은 웃음보를 자극 받게 되어 웃는다. [딴전 피우기]는 [징검다리 놓기](이미 기술했음) 기술과 마찬가지로 긴장상태에서 이완상태로 유도하는 기술이다. 청중은 [딴전 피우기]의 상황을 만나게 되면, 갑자기 돌변해버린 상황에 순간 긴장하고 어리둥절해 하지만 곧바로 상황을 정리하여 연결시킨 후 이완상태로 들어간다. 이렇게 스스로 만들어낸 이완상태에서 청중은 웃음을 웃는다.
　영구, 맹구, 사오정, 덩달이, 만득이... 등의 캐릭터들이 대표적인 인물들이다.

❖ 오른쪽의 유머엽서를 웃음이 필요한 고운님 손에 쥐어주세요!

개 판

개와 사람이 달리기 시합을 했다.

① 사람이 이긴 경우 : 개보다 더 한 놈

② 사람이 진 경우 : 개만도 못한 놈

③ 비겼을 경우 : 개 같은 놈

개가 달릴 때 혓바닥을 빼고 달리는데 그 이유는?

POST CARD
우편엽서

보내는 사람

받는 사람

To.

*유머퀴즈 정답은 보낸이에게 물어보세요! [진짜유머] 중에서...

라이벌!

승부욕이 유난히 강한 사람은
경기 규칙이 없다.

유머훈련 히틀러나 엘비스 프레슬리를 만난다면 제일 먼저 무슨 말을 할까?

OX퀴즈 은행잎은 활엽수이다?　　　　☞ × (침엽수이다)

유머퀴즈 사람이 물에 빠졌을 때 구명보트로 몇 명까지 구할 수 있나?

개그맨 따라잡기　　　　　　　　　　品6◀

멍청

가끔은 아무생각 없이 뱉어버린 나의 엉뚱한 말 때문에 주위사람들이 배꼽을 쥐고 웃었던 경험은 누구나 한두 번쯤은 있다. 나는 웃기려는 의도가 전혀 없었는데도 말이다... 이와 같은 현상이 일어나는 것은, 무심코 뱉어버린 나의 말을 듣고 청중들은 대단한 자긍심(自矜心)과 자부심(自負心) 그리고 중요감(重要感)을 느꼈기 때문이다.

이러한 심리적인 상태는 "나는 최소한 너처럼 멍청하지는 않다!"라는 우월감(優越感)을 갖게 하고, 이 우월감은 청중의 마음속에 느닷없이 찾아온 [갑작스럽게 느낀 영광의 기쁨]이 되었기 때문이다.

아마추어는 어쩌다 실수로 멍청한 짓을 해서 청중을 웃기지만, 프로는 계산에 의한 멍청한 짓을 해서 필요한 때에 의도적으로 청중을 웃길 수 있다. 시트콤 드라마가 그 대표적인 작품이다.

때론 멍청(?)할 필요가 있다. 내가 멍청하면 상대방은 우월감을 느끼게 될 것이고, 우월감을 주는 것은 웃음의 첫째 기술인 것이다.

○ 오른쪽의 유머엽서를 웃음이 필요한 고운님 손에 쥐어주세요!

www.selfevent.com
www.hifun.co.kr

위기의 탈출

두 명의 환자가 탈주를 시도했다. 시트를 찢어 길게 묶어 창 밖으로 늘어뜨렸다. 한 명이 그것을 타고 내려갔다가 다시 올라와서는 말했다.

"안되겠어. 너무 짧아."

다시 그들은 속옷이건 뭐건 눈에 띄는 건 뭐든지 꺼내서 묶었다. 다시 그 남자가 줄을 타고 내려갔다가, 또 올라와서 말했다.

"역시 안되겠어. 너무 길어."

유머퀴즈 사람이 물에 빠졌을 때 구명보트로 몇 명까지 구할 수 있나?

POST CARD
우 편 엽 서

보내는사람

받는사람

To.

*유머퀴즈 정답은 보윈에게 물어보세요! [진짜유머] 중에서...

최악의 탈출!

'지금이 최악의 사태다!'
라고 말할 수 있는 동안은
아직 최악은 아니다.

 딱 한 사람에게 나를 사랑하게 만들 수 있는 기회가 주어진다면 누구를 선택할까?

 서울로 들어오는 중부고속도로 톨게이트의 입구에 파인 홈(요철)은 모두 14개이다? ☞ × (12개이다)

 도둑이 도둑질하러 가는 걸음걸이를 4자로 줄이면?

걸음걸음 ◀

한 걸음 더

뻔한 이야기지만 사람은 배고프면 먹어야 하고, 피곤하면 잠을 자야하고, 슬프면 울고, 기쁘면 웃는다. 즉, 나의 희망사항은 다른 사람의 희망사항이 되고, 내가 좋아하는 것은 남들도 좋아하고, 내가 싫어하는 것은 남들도 싫어하는 것이다. 이러한 말들은 [나를 잘 살피면 남의 생각을 읽을 수 있다.]는 말이 된다. 그런데 유머 감각에 있어서, 여기에서 그치면 안 된다. 왜냐하면 사람은 예측이 가능한 것에 대해서는 감동적인 반응을 보이지 않는다는 사실 때문이다. 즉, 한 걸음 더 나아가 반전을 시키거나 미처 생각하지 못한 상황을 연출하는 [조크]나 [코믹]이 있어야 한다는 말이다. 늘 쓰던 것과 보고 듣던 것에 대해선 [썰렁]하다는 말을 듣기 십상이다.

예를 들면, 북한에서는 다이어트를 [살까기]라 하고, 개고기를 [단고기]라 하고, 백열전구를 [불알]이라고 한다. 그러면 [팬티]는 무어라 하나? 이런 퀴즈를 내면 청중들은 [부끄럼 가리게] 또는 [으뜸 가리게] 등으로 나온다.

그러나 정답은 [빤스!]

밀레니엄 카

새로 개통된 고속도로에서 교통경찰이 딱 1,000번째 지나가는 차에게 상금 100만 원을 주기 위해 차를 세웠다.

교통경찰 : 100만원의 상금을 어디에 쓰겠습니까?

운 전 자 : 우선 운전면허증을 따는 데 쓸 생각입니다.

교통경찰 : 뭐라고요?

그의 아내 : 오, 경찰관님 신경 쓰지 마세요. 우리 이이는 술만 먹으면 늘 횡설수설하니까요.

교통경찰 : 오잉?

할 머 니 : 것봐라, 훔친 차를 타고는 멀리 못 갈 줄 내 진작 알았느니라!

 도둑이 도둑질하러 가는 걸음걸이를 4자로 줄이면?

POST CARD
우편엽서

To.

불법주차!

교통법규는
우리 모두가 함께 지키기로한 약속이다.

*유머퀴즈 정답은 나에게 머물에게 물어보세요! [진짜유머 중에서...]

집중호우로 집이 파손되어 복구하는 데 1년이 걸린다. 그 동안 어디에서 살 건가?

따뜻한 차는 몸을 덥게 한다?   ☞ X

백악관은 영어로 [화이트 하우스], 청와대는 [블루 하우스]라 한다. 그러면 투명한 집은 영어로 무엇일까?

▶비닐 하우스◀

맞춤 유머

영화나 드라마를 보고 있으면 "어쩌면 내 경우와 저렇게도 똑같을 수가 있을까?"하는 경우가 종종 있다. 그리고 혈액형으로 본 성격이나 심리 테스트에 의한 자료를 보면서 "우와~아, 족집게다!"라고 감탄한 적이 있을 것이다. 그러나 이러한 것은 심리적인 [바넘효과]로, 누구에게나 있을 법한 심리적 상태를 어느 한 특정인에게 한정지어 말하는 것일 뿐이다. 즉, 일반적인 상황을 개인적인 특수 상황으로 몰고 가면 그것은 곧 개인의 특별한 이야기가 된다. 운명 철학도 이러한 논리가 적용되는 경우가 많다.

유머에 있어서도 마찬가지다. 일반적인 상황을 개인의 특별한 상황으로 한정지어 말하면 맞춤 유머가 된다. 이러한 유머는 서로를 더욱 가깝게 해 줄 뿐만 아니라 유머의 강도를 높여준다. 여기서 눈높이 유머와 맞춤 유머의 차이를 알아야 한다. 눈높이 유머는 일반적인 상황이고, 맞춤 유머는 개인적인 특별한 상황이다. 또 눈높이 유머는 대상의 연령에 따른 것이고, 맞춤 유머는 개인의 여건이나 개성에 따른 것이다.

○ 오른쪽의 유머엽서를 웃음이 필요한 고운님 손에 쥐어주세요!

소리나는 대로

초등학교 국어시간에, 선생님이 받아쓰기 문제를 내고 있었다.

"자, 친구들! 화롯불을 소리나는 대로 적어 보세요."

받아쓰기를 끝낸 후 답안지를 거둬 채점을 하는데 매사에 너무 똑똑해서 탈인 삼식이의 답안이 걸작이었다.

- 답안지에는 이렇게 쓰여 있었다. -

"지지…. 지지지…."

백악관은 영어로 [화이트 하우스], 청와대는 [블루 하우스]라 한다. 그러면 투명한 집은 무엇일까?

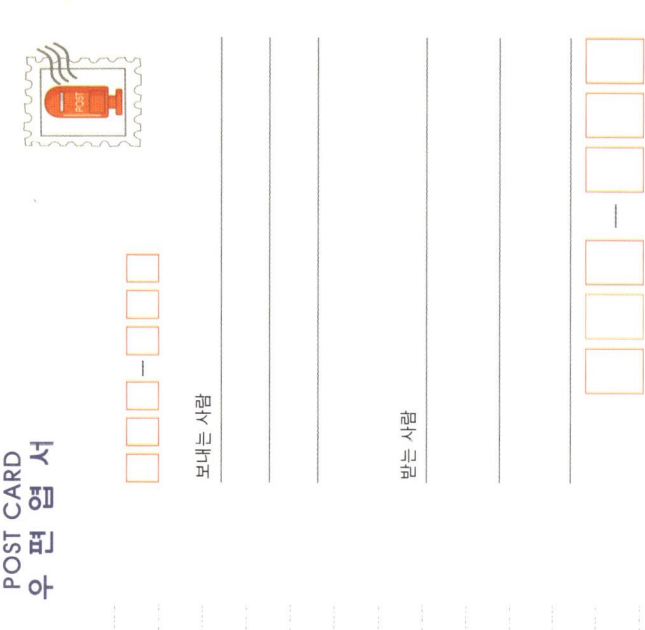

POST CARD
우편엽서

보내는 사람

받는 사람

To.

*유머퀴즈 정답은 보내이퍼(네이버) [진짜유머] 중에서...

받아쓰기!

실수를 전혀 하지 않으려는 사람은
아무 것도 이룰 수 없다.

지금까지의 발명품 중 한 가지를 이 세상에서 사라지게 할 수 있다면, 무엇을 없앨까?

계란은 은(銀) 숟가락으로 떠먹으면 안 된다? ☞ ○

학생들이 제일 좋아하는 동네는?

원숭이도 후회를 한다

동물학자의 말에 의하면 원숭이도 잘못을 저지르고 나면 후회를 한다고 한다. 그리고 원숭이가 인간을 쫓아서 하는 것이 하나 더 있는데, 그것은 원숭이도 웃는다는 것이다.(개나 고양이가 웃는 것에 대해서는 동물학자들 간의 견해차이가 있다) 그러나 원숭이가 인간을 쫓아서 하지 못하는 것 두 가지가 있다.

그 중 하나는, 원숭이는 인간처럼 입장을 바꿔서 생각할 줄 모른다는 것이다. 그러나 인간은 입장 바꿔 생각할 줄 알기에 어려움에 처한 사람을 도와주고, 남의 기쁨이나 즐거움을 함께 기뻐하여 축하해 주고, 고통이나 슬픔을 함께 나누며 위로한다. 또 다른 하나는, 원숭이는 후회를 할 수는 있어도 개선이 안 된다는 것이다. 그러나 인간은 개선을 할 줄 알기에 자기 개발이 가능하고, 능력 향상을 꾀할 수 있다.

유머가 처음부터 잘 될 리가 없다. "난 원래 안 되는 놈이야!" "내가 하는 게 그렇지 뭐!"라고 포기한다면 원숭이와 다를 바 없는 사람이다.

그려, 열심히 혀

충남대와 한국과학기술원은 인접해 있다. 하루는 충남대생과 과기원생이 같이 버스를 탔다. 어느 할머니 앞에 두 사람이 서서 가는데 할머니가 물었다.

"학상, 학상은 어디 댕기는 겨?"

"충남대 다니는데요."

"학상은 공부를 잘하는구먼."

그리고 나서 할머니는 옆에 있는 과기원생에게 같은 질문을 했다. 그러자 과기원생은 약간 목소리에 힘을 주어 자랑스러운 듯 말했다.

"과학기술원에 다닙니다."

그 말을 들은 할머니, 약간 상을 찌푸리며

"그려, 공부 못하면 기술이라도 배워야 재…. 열심히 혀 어…."

학생들이 제일 좋아하는 동네는?

POST CARD
우편엽서

보내는 사람

받는 사람

To.

*유머퀴즈 정답은 보낸이에게 물어보세요! [진짜유머] 중에서...

급훈

대학가서 미팅할래,
공장가서 미싱할래?

FUN FUN TV!

선택사양!

목표가 없는 공부는
가로 막대가 없는 높이뛰기와 같아서
힘을 다 내게 할 수 없다.

사지(四肢) 중에 한 개만 빼놓고 모두 절단해야 한다면 어느 부분을 지킬까?

해가 내리쪼일 때, 흰 양산과 검은 양산 중 검은 양산이 더 시원하다?

실패하면 살고 성공하면 죽는 것은?

카피문구

신문이나 TV를 보면 인상 깊고 쇼킹한 광고 카피문구가 나온다. 정말 평생 잊지 못할 정도로 인상이 깊다.

"오늘은 그이와 세 번째 만난 날. 그이가 나의 이마에 키스를 했다. 다음에 만날 때는 굽 높은 구두를 신고 나가야지...... ○○구두~!"

사회생활을 하면서 자신을 알릴 수 있는 이미지나 이름에 대한 카피문구를 갖고 있는 사람은 남보다 한 발 앞선 사람이다. 왜냐하면 현대는 캐릭터(개성)시대이기 때문이다.

"필자의 이름 [전 승 훈]을 갖고 카피문구를 만들면, 전쟁터에 나가, 승리하여, 훈장을 받은 전 승 훈입니다!"

자신을 5초 이내에(첫 인상은 5초 이내에 결정된다) 효과적으로 알릴 수 있는 카피문구를 만들어보자!

낙서릴레이

어느 날 오전 : 신은 죽었다. - 니체

어느 날 오후 : 니체는 죽었다. - 신

다음 날 오전 : 니네 둘다 걸리면 죽었다. - 화장실 아줌마

다음 날 오후 : 썰렁해 죽겠다. 임마들아! - 펭귄

실패하면 살고 성공하면 죽는 것은?

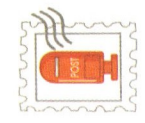

POST CARD
우편엽서

To.

조심해!

남자가 조심해야 할 것 3가지?
입, 손 그리고 아랫도리!

 불로초(不老草) 세 뿌리가 있다. 어떤 세 사람이 먹어야 할까? 또 그 이유는?

 초콜릿은 이에 해롭다?   ☞ X

 아몬드가 죽으면 무엇이 될까?

360도 생각

산업시대엔 공부 잘하고, 명문대를 졸업하여 대기업에 취직하면 1등 신랑, 신부 감이었다. 그러나 정보시대인 지금은 개인 경쟁력의 시대이다. 즉 남들이 미처 개척하지 못한 분야나 생각지 못한 방향으로 뛰면 성공한다. 왜? 혼자 뛰면 1등이니까!

유머의 소재도 남들이 전부 매달리는 분야에 얽매이지 말고, 미개척 분야나 틈새 시장을 파고들어야 한다. 이태리에는 이태리타월이 없고, 중국에는 자장면이 없고, 아라비아에서는 아라비아숫자를 쓰지 않고, 터키에는 터키탕이 없다. 주위의 사물을 보고 360도로 생각하는 습관을 길러야 한다. 즉 다방(커피숍이 아님을 아시죠?)면으로 연구하고, 상식을 넓히고, 튀는 생각(별난 짓은 안됨)을 하는 것이다. 유머의 세계에서 1등으로 성공하려면 처음이라야 한다. 남들이 간 길을 따라가고 남들이 한 짓을 흉내내면 2등이야 하겠지만, 사람들은 2등을 기억하지 않는다. 뒤꽁무니는 소용없다. 영양가도 없다.

단거

촤알스는 단 거를 너무나 좋아해서 어딜 가든 사탕, 초콜릿, 엿 등 단 거는 모조리 찾아먹는 아이였다.

어느 날 친구네 집에서 놀던 촤알스는 갑자기 비명을 지르며 쓰러졌고, 병원에 급히 실려가 응급치료를 받고 깨어났다.

친 구 : 너 어쩌자고 그걸 다 먹었니?

촤알스 : 으응, 난 그냥 단 거인 줄 알고 먹었어…….

촤알스가 먹고 쓰러진 병을 찾아보니, 병에는 이렇게 씌어 있었다.

'Danger'

 아몬드가 죽으면 무엇이 될까?

POST CARD
우편엽서

보내는 사람

받는 사람

To.

*유머퀴즈 정답은 보낸이에게 물어보세요! [진짜유머] 중에서...

FUN FUN TV!

19번째 생일!

먹고 마실 때는 친구가 많지만,
위급할 때는 친구가 없다.

220 진짜유머

유머운련
약혼한 상태에서 운명적인 다른 사람을 알게 되었다면 어떻게 할까?

OX퀴즈
지하철 1량의 창문을 제외한 문의 수는 모두 8개이다.
☞ × (10 개)

유머퀴즈
운전기사가 제일 싫어하는 춤은?

개그맨 따라잡기

몰라규ㅎ

압축 단어

컴퓨터에서 압축파일을 쓰면 능률도 오르고 적은 메모리를 크게 쓸 수 있다. 유머에 있어서도 압축 단어나 문장을 쓰면 강도도 높아지고 효과도 크다. 여러 단어나 문장을 하나로 묶어 표현하는 습관을 길러보자.

대표적인 것들은 속담이나 격언 또는 시쳇말로 쓰는 것들이 여기에 해당된다. 예를 들면,
① 업은 아기 3년 찾는다.(건망증이 심한 사람)
② 우물가에서 숭늉 찾는다.(성질이 급한 사람)
③ 처삼촌 벌초하듯 한다.(성의가 없이 대충 일하는 사람)
④ 가난이 정문으로 들어오면 행복은 뒷문으로 나간다.
⑤ 치마가 짧아지면 시선은 길어진다.(남자들의 심리)

♦ 오른쪽의 유머엽서를 웃음이 필요한 고운님 손에 쥐어주세요!

전철안 4자성어

① 전철이 도착할 때까지는 차례대로 줄을 서 있다. [안절부절]
② 전철 문이 열리는 순간부터 팽팽한 어깨싸움이 벌어진다. [용호상박]
③ 경쟁자들을 뚫고 재빨리 뛰어들어가 빈자리를 차지한다. [생존경쟁]
④ 그 자리에 토한 흔적이 묻어 있음을 발견한다. [망연자실]
⑤ 그때 옆자리의 아저씨가 일어난다. [백골난망]
⑥ 하지만 선반 위의 신문을 꺼내들고 다시 앉는다. [나쁜XX]
⑦ 경로석에 빈자리가 있는 것을 발견하고 재빨리 가서 앉는다. [안면몰수]
⑧ 앉고 보니 맞은편에 예쁜 여자가 앉아 있다. [금상첨화]
⑨ 그때 옆 칸의 문이 열리며 한 노인이 건너온다. [불안초조]
⑩ 재빨리 눈을 감고 자는 척한다. [위장전술]
⑪ 실눈으로 주위를 살피니 주위사람 모두가 나만 쳐다보고 있다. [시민연대]
⑫ 할 수 없이 일어나 자리양보를 한다. [억지춘향]
⑬ 일단 옆 칸으로 피해 간다. [궁여지책]
⑭ 옆 칸까지 따가운 시선이 따라왔다. [사면초가]
⑮ 할 수 없이 중간 역에서 내린다. [도중하차]

POST CARD
우편엽서

보내는 사람

받는 사람

To.

*유머퀴즈 정답은 보내에이퍼에 물어보세요! [진짜유머] 중에서...

FUN FUN TV!

진퇴양란!

말이 아니면 하지말고,
길이 아니면 가지말라!

 **유머훈련** 타임머신을 타고 과거로 돌아가, 인생을 다시 시작할 수 있다면 몇 살부터 다시 살까?

 OX퀴즈 우유 목욕은 피부를 부드럽게 해준다? ☞ X

 **유머퀴즈** 빨간 길 위에 떨어진 동전을 네 글자로 줄이면?

 개그맨 따라잡기

화장실 문화

화장실을 [변소] [측간] [나 홀로 다방] [해우소] 등으로 표현한다. 어떻든 화장실은 혼자만의 작은 공간인 동시에 그 어느 누구에게도 간섭을 받지 않는 명당(?)이다. 지금껏 화장실은 화장실 본연의 임무 외에 수많은 아이디어와 낙서가 탄생했다. 화장실은 어쩌면 유머의 발상지(?)이기도 하다. 화장실에서 아랫배에 힘만 주지말고 머리를 굴려라. 전후좌우(前後左右), 사방팔달(四方八達)... 유머의 소재발굴엔 제한이 없다.

두루마리 화장지에 글귀를 넣는다면,
① 앞으로 남은 길이는 1m입니다. 새것을 준비하세요!
② 변비엔 야채가 좋습니다!
③ 마음의 변비인 스트레스를 쌓아 두지 마세요!
④ 사색(思索)을 하고 있으면, 밖에선 사색(死色)이 됩니다!
⑤ 소변과 대변 중 어느 것이 먼저 나올까요? 정답 : 급한 것

때

1년이 넘게 목욕을 하지 않은 지저분한 남자가 있었다.

어쩌다가 마음을 모질게 먹고 목욕탕에 가서 때밀이에게

때를 밀어 달라고 했다.

그런데 1시간, 2시간이 지나고 3시간이 되도 도무지 끝이

보이지 않고 계속 때가 나오는 것이었다.

이 남자도 무척 미안해졌다.

그래서 그만 됐다고 말하려는 순간,

때밀이가 열받아서 때 타올을 확 집어던지며 말했다.

"야, 너 지우개지...!!!"

빨간 길 위에 떨어진 동전을 네 글자로 줄이면?

POST CARD
우편엽서

보내는 사람

받는 사람

To.

* 유머퀴즈 정답은 보내주세요 [진짜유머] 중에서...

추억의 지우개!

그때를 아십니까?

224 진짜유머

 대기업의 사장이 되려면 어떤 능력을 갖추어야 할까?

 구기 종목 중 가장 작은 공을 사용하는 경기는 골프다?
☞ X (탁구)

 항상 달리기 시합이 열리는 도시?

낱말 잇기

낱말 잇기 게임은 남녀노소 모두가 즐기는 전래의 언어게임이다. 유머 감각과 순발력 그리고 어휘력을 키우는데 효과적이다. 한글로만 하지말고 영어로도 해보자! 부모와 자녀사이에 낱말 잇기 언어게임을 하면 가정도 화목해지고 웃음꽃이 피는 가정을 만들 수 있다.

한글 게임
 ① 터줏대감→감나무→무장공비→비밀→밀밭→밭... [끝말잇기]
 ② 화장실→장보고→보자기→자장면→장도리→도라지→라... [중음 잇기]
영어 게임
 ① STUDY→YOUNG→GOOD→DIET→TELEPHONE→EXIT→T... [끝철자 잇기]
 ② STUDENT→TEACHER→EAGLE→APPLE→PEOPLE→EACH→A... [두 번째 철자 잇기]   다양한 표현과 어휘력 강화를 원한다면 꼭 한번 해보길 바란다.

○ 오른쪽의 유머엽서를 웃음이 필요한 고운님 손에 쥐어주세요!

www.selfevent.com
www.hifun.co.kr 225

군대에서 2

중대장이 신병들을 불러모았다.

중대장 : 여기 미술 전공한 놈 있냐?

병사 1 : 옛, 제가 디자인 전공했습니다!

중대장 : 어느 대학인데?

병사 1 : Y 대입니다!

중대장 : (비웃음을 흘리며) 야, 그것도 대학이냐?

병사 2 : 제가 H 대 미대 출신입니다!

중대장 : (흐뭇한 미소를 띠며) 그래? H 대 출신이야?

병사 2 : 옛, 그렇습니다!

중대장 : 잘됐다!

　　　　족구 시합하게 이리 와서 줄 좀 그려라!!

항상 달리기 시합이 열리는 도시?

POST CARD
우편엽서

보내는 사람

받는 사람

To.

* 유머퀴즈 정답은 보뿐이에게 물어보세요! [진짜유머 중에서...]

FUN FUN TV!

S라인의 진수!

**기술자가 수직선이면 디자이너는 수평선이다.
이 둘이 조화를 이뤄야 한다.**

 **유머훈련** 내일이 오면 나라 밖으로 추방된다. 단 세 가지 물건만 챙길 수 있다면 어떤 것들일까?

 **OX퀴즈** 지적인 사람의 뇌는 우둔한 사람의 뇌보다 더 무겁다?
☞ X *(관계없다)*

 **유머퀴즈** 소변금지 구역에서 대변을 보면?

 개그매 따라잡기   보급 ◀

뜻 잇기

낱말의 뜻을 연상하면서 뜻을 이어나가면 뜻 잇기 게임이 된다. 낱말 잇기와 뜻 잇기는 사돈지간이다. 뜻을 이어나가다 보면 의외의 상황과 미처 생각지 못한 것을 깨닫게 되는데 이러한 것들이 유머 창고이다. 낱말을 보면서 그와 연상되는 것들을 생각해 보는 습관을 기른다.
"원숭이 엉덩이는 빨개, 빨가면 사과, 사과는 맛있어, 맛있으면 바나나, 바나나는 길어……"
① 원숭이와 사과는? [빨갛다]
② 사과와 바나나는? [맛있다]
③ 바나나와 기차는? [길다]
④ 기차와 비행기는? [빠르다]
⑤ 비행기와 백두산은? [높다]
⑥ 미스코리아와 엄마는? [예쁘다]

손 씻는 이유

삼식이는 화장실에 갔다 오면 항상 손을 씻는 깨끗한 습관을 가지고 있다. 병팔이는 그렇게 청결한 삼식이를 보고 항상 감탄을 했다. 그런데 하루는 삼식이가 화장실을 갔다 와서 손을 씻지 않는 것이었다. 병팔이는 궁금해서 물었다.

"삼식아, 오늘은 왜 손 안 씻어?
"응, 오늘은 화장실에 휴지가 있더라구."

 유머퀴즈 소변금지 구역에서 대변을 보면?

해는 강렬한 바다는 강이 춤을 춘다!

배고파 배꼽!

FUN FUN TV!

POST CARD
우 편 엽 서

To.

 딱 한 사람의 일기를 볼 수 있습니다. 누구 것을 보고싶나?

 고양이는 잠을 잘 때 꿈을 꾸지 않는다? ☞ X (꾼다)

 고추장, 간장, 된장을 만들던 엄마가 잘못 만들어버리면 무슨 장이 될까?

경로효친(敬老孝親)

[경로효친]이 유머와 무슨 상관이 있느냐고 독자들은 물을지도 모르겠다. 하지만 생활의 환경이 시대마다, 세대마다 다르듯이 유머의 소재도 시대마다, 세대마다 다르다. 또 유행하는 패션이나 단어들도 다르기 때문에, 옛것을 살려서 오늘의 이야기와 접목(溫故知新)을 시키면 그야말로 숙성이 잘된(?) 발효식품이 되어 누구도 흉내낼 수 없는 독보적인 유머가 된다.

어르신들게 짬을 내어 안마를 해 드려 보라! 그것도 자주 자주 자주... 그러면서 옛날의 살던 이야기를 들어 보라! [그 때를 아십니까?]의 산 중인이다. 경로효친도 실천하고 유머의 좋은 소재도 발굴하니 일석이조(一石二鳥)다. 사람은 언제나 옛 이야기에 대해선 관심과 흥미를 갖고 있다. 옛 것을 다듬어서 전시회를 열면 훌륭한 전람회가 되기도 하지만, 옛날의 살던 이야기를 [언어의 유희]로 다듬으면 역시 재미있는 유머가 된다.

○ 오른쪽의 유머엽서를 웃음이 필요한 고운님 손에 쥐어주세요!

생일 선물

초등학교에서 한 아이가 여자인 담임 선생님에게 생일 선물을 가져왔다. 선생님은 포장된 상자를 보고 물었다.

"선생님이 맞춰볼까? 음~ 초콜릿이니?"
"아니오."
"그럼…. 케이크?"
"아니오"

그때 상자 귀퉁이에서 물이 몇 방울 흘러 나왔고, 아이는 좀 당황했다. 선생님은 손가락 끝에 물을 묻혀 맛을 보더니 말했다.

"음~ 이건 피클 맛 같은데? 피자를 가져왔구나?"

그러자 꼬마가 거북한 표정을 지으며 하는 말,

"선생님, 그건 고양이에요."

 고추장, 간장, 된장을 만들던 엄마가 잘못 만들어버리면 무슨 장이 될까?

POST CARD
우편엽서

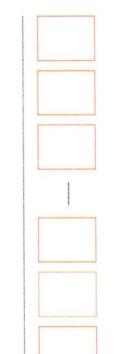

*유머퀴즈 정답은 뒷면에게 물어보세요! [진짜유머] 중에서...

To.

안마 시술소!

고양이와 여자는 부르지 않을 때 찾아온다.

한 시간 후 지구의 종말이 온다는 사실을 방금 알게 되었다. 제일 먼저 할 일은?

극장이나 비행기 안에서 중앙의 손 받침대는 먼저 차지하는 사람의 것이다? ☞ ○

참새가 먹는 간식은?

고 스톱

고 스톱? 화투이야기가 아니다.

모든 분야가 편리해 지고 스피디한 시대가 되었다. 자동차의 승차감도 좋아지고 스피드도 빨라졌다. 하지만 교통사고는 더 많아지고 대형사고로 이어지는 경우가 더 많이 발생한다. 이러한 일이 벌어지는 이유는, 자동차와 찻길이 좋아졌다고 방심하여 과속으로 질주를 하기 때문이다. 자동차만 놓고 보자면, 빨리 달리고 잘 달리는 자동차는 그만큼 잘 멈춰 설 수 있어야 한다. 잘 멈춰 설 수 없다면 자동차가 아니고 살인 병기가 된다. 유머도 마찬가지다. 유머 감각이 있는 사람이 각광을 받고 인기를 끈다하여 자제력을 잃고, 자기통제가 안되고, 안하무인(眼下無人)격으로 유머를 날린다면 이 또한 언어의 흉기가 되어버린다. 유머가 끼여들 틈새가 없는 심각한 상황이나 엄숙한 장소에선 즉시 멈춰 서야 한다. 자아도취(自我陶醉)가 되거나 자아확장욕(自我擴張慾)에 끌려 판단력을 잃게되면 설 땅이 줄어든다.

문제의 해결책

활주로를 출발하여 신나게 달리던 비행기가 갑자기 정지하더니 다시 격납고로 들어갔다. 그렇게 한 시간 정도 흐른 후에야 비행기는 다시 이륙을 하게 되었다. 뭔가 이상하다고 생각한 승객이 지나가던 여승무원에게 물었다.

승　객 : 무슨 이상이 있었습니까?

승무원 : 예, 손님. 저희 비행기 기장이 엔진에서 이상한 소리를 들었다고 해서요.

승　객 : 아~ 그래요. 그래서 엔진을 고쳤나요?

승무원 : 아니오, 기장을 바꿨습니다.

참새가 먹는 간식은?

POST CARD
우 편 엽 서

보내는사람

받는사람

To.

*유머퀴즈 정답은 보내이에게 물어보세요! [진짜유머 중에서...]

FUN FUN TV!

추락하는건 날개가 있다!

무서운 것은 죽음 그 자체가 아니고
죽음에 대한 공포다.

232 진짜유머

사랑의 고백과 함께 첫 키스를 하고 싶은 장소는 어디가 좋을까?

로미오와 줄리엣은 처음 만난 날 키스를 했다?   ☞ ○

양품점 점원 아가씨와 총각 손님 사이에 오가는 정이 있다면 무슨 정일까?

웃음 ◀

유머 지수와 창의력 지수

　유머 지수와 창의력 지수는 함수관계이다. 남을 잘 웃기는 사람은 일반적인 사람보다 평소에 남의 시선을 더 의식하고 있다. 그렇기 때문에 항시 시선을 사방으로 고르게 두고, 문제의식을 갖고 사물을 보는 습성이 있다. 왜냐하면, 남을 웃기려면 상대의 기호나 관심거리를 접촉점으로 삼아야 자신의 이야기에 귀를 기울여 주기 때문이다. [자의 반 타의 반]으로 독심술과 상황판단력이 좋고, 남들이 못 보는 것까지 본다. 그래서 개그맨들이 머리(창의력, 아이디어)가 좋다.

　유머훈련의 한 방법으로 "만약에 ~"를 늘 생각해 보면서 나름대로의 답을 찾는다면, 좋은 유머 소재를 꽤 많이 건질 수 있다. 그리고 늘 보고 사용하던 물건을 새롭게 생각해 보고 용도를 달리 해 써 보라. 이 책의 [유머훈련] 코너는 "만약에 ~"의 금광(金鑛)이다. 한 쪽도 빼먹지 말고 성실한 답을 해 보라.

❖ 오른쪽의 유머엽서를 웃음이 필요한 고운님 손에 쥐어주세요!

계산은 할머니가

예쁜 아가씨가 할머니와 함께 옷감을 사러 백화점엘 갔다.

예쁜 아가씨 : 이 옷감 한 마에 얼마예요?

주인 아저씨 : 한 마 정도는 키스 한 번만 해주면 그냥 드릴 수도 있습니다.

예쁜 아가씨 : 어머! 정말이세요?

주인 아저씨 : 정말입니다.

예쁜 아가씨 : 그럼 다섯 마만 주세요.

주인 아저씨 : (즐거운 표정을 지으며) 여기 있습니다!
　　　　　　그~럼, 이제 키스 다섯 번 하셔야죠?

예쁜 아가씨 : 계산은 할머니가 하실 거예요!

양품점 점원 아가씨와 총각 손님 사이에 오가는 정이 있다면 무슨 정일까?

POST CARD
우편엽서

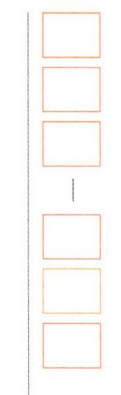

* 유머퀴즈 정답은 표지 안쪽에게 물어보세요! [진짜유머 중에서...]

To.

천년의 키스!

신이 여성의 입을 만든 것은
남성의 키스를 위한 것이다.

유머훈련 첫눈에 반해버린 사람을 나의 애인으로 만들 수 있는 방법은 무엇이 있을까?

OX퀴즈 곰 발바닥은 간지럼을 안 탄다? ☞ X (탄다)

유머퀴즈 젖소에게는 4개가 있고 여자에게는 2개가 있다. 이것은?

개그맨 따라잡기

유머와 윤활유

　윤활유가 없는 엔진을 탑재한 자동차를 운전한다면, 소음도 심하고 엔진 과열로 인해 큰 불편과 사고를 만나게 될 것이다. 대화에 있어서 유머가 없는 사람을 만난다면 인간관계가 불편하고 사막 위를 걷는 기분일 것이다. 유머는 인간관계와 대화에 있어서 자동차의 윤활유와 같다.

　역사적인 남북의 정상회담이 평양에서 있었던 날, 김정일 위원장이 조크를 날렸다. "김대중 대통령께서 평양을 방문하셨기 때문에 제가 은둔(隱遁) 생활에서 해방되었습니다." 대단한 조크다. 잠시 뒤이어 김대중 대통령께서도 조크를 날렸다. "내가 평양에 올 때 아침을 조금만 먹고 왔습니다." "아니 왜 아침을 조금만 드시고 왔습니까?" "평양에 오면 맛있는 게 많다고 해서 아침을 조금만 먹고 왔습니다." 정말 대단한 조크가 오갔다. 50년의 긴장이 한 순간에 사라지는 순간이었다. 여기에 해병대 몇 개의 사단병력을 풀어놓았다고 이러한 분위기를 만들 수 있겠는가?

● 오른쪽의 유머엽서를 웃음이 필요한 고운님 손에 쥐어주세요!

www.selfevent.com
www.hifun.co.kr   235

직업별 웃음소리

① 수사반장 : 후 후 후 (who who who)

② 요 리 사 : 쿡 쿡 쿡 (cook cook cook)

③ 축구선수 : 킥 킥 킥 (kick kick kick)

④ 색　　마 : 걸 걸 걸 (girl girl girl)

⑤ 살 인 마 : 킬 킬 킬 (kill kill kill)

⑥ 어 린 이 : 키득 키득 (kid kid)

⑦ 인기가수 : 싱긋 싱긋 (sing good sing good)

⑧ 원로가수 : 생긋 생긋 (sang good sang good)

⑨ 여자 바람둥이 : 히 히 히 (he he he)

⑩ 남자 바람둥이 : 허 허 허 (her her her)

유머퀴즈 젖소에게는 4개가 있고 여자에게는 2개가 있다. 이것은?

POST CARD
우편엽서

보내는 사람

받는 사람

To.

* 유머퀴즈 정답은 보내어에게 물어보세요! [진짜유머] 중에서...

냉소(冷笑)!

웃음은 어떤 언어로도 번역이 되는
만국 공통어이다.

236 진짜유머

피치 못할 사정으로 팬티 바람에 출근하게 되었다.
경악하는 동료들에게 뭐라 말할까?

권투장갑은 맞는 사람이 아니라 때리는 사람을 보호해 준다?
☞ ○

세상에서 가장 빠른 닭은?

▶훈다치

유머와 사회생활

다음의 상황을 어떻게 생각하시나요?
① 유머도 경쟁력이기 때문에 유머 있는 사람이 유리하다.
② 내 말을 듣다가 조는 사람이 있다면, 내가 진 것이다.
③ 재미있는 사람에게서 물건을 사려하기 때문에 세일즈맨의 유머는 매출을 늘린다.
④ 경영진의 유머는 일이 구석구석 모두 잘 굴러가도록 만드는 경영수완이 된다.
⑤ 회사에서 즐거운 시간을 보내면 주머니에 돈을 조금 넣고도 기쁜 마음으로 퇴근한다.
⑥ 긍정적인 유머는 사람을 끌어당기고 부정적인 유머는 사람을 내 쫓는다.
⑦ 유머가 없으면 고객에게 군대식 고객 서비스를 하게 된다.
⑧ 스트레스는 즉시 풀어줘야 뒤탈이 없는데, 스트레스의 천적은 유머다.
⑨ 유머는 원기회복과 재충전을 시켜주기 때문에 차 한잔의 여유보다 더 효과적이다.
⑩ 유머감각이 뛰어나면 여러 감각에 뛰어나고, 특히 창의력이 뛰어나다.

◐ 오른쪽의 유머엽서를 웃음이 필요한 고운님 손에 쥐어주세요!

버스안에서

저는 26세의 회사원입니다. 회사를 마치고 버스를 탔습니다. 버스를 타고 가던 중 잠에 빠져버렸죠. 문득 일어나 보니 고등학생 4명이 주위를 감싸고 있었죠. 그런데 그 고등학생들이 수군수군 대더니 실실 웃는 것이었습니다. 그러고는 한 학생이 벨을 눌렀습니다. 문이 열리자 4명이 웃으며 내리는 척 하면서 제 뒤통수를 한대 빠악~!!! 때리고 뛰어내리더군요. 주위사람들 다 쳐다보고... 창피해서 0.5초 내로 이 쪽팔림을 무마해야겠다는 생각이 들었죠. 그래서 저는 그 아이들을 가리키며 크게 외쳤습니다!!

"야! 있다가 전화할게!!!"

 세상에서 가장 빠른 닭은?

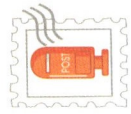

POST CARD
우 편 엽 서

보내는사람

보내는사람

To.

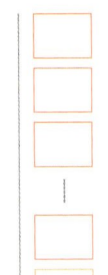

*유머퀴즈 정답은 보낸이에게 물어보세요! [진짜유머 중에서...]

냉방완비!

에어컨 고장시 부채를 드립니다.

 봄, 여름, 가을, 겨울 중 한가지를 없앨 수 있다면 어느 계절을 없앨까?

 남극에서도 감기 걸린다? ☞ × (안 걸린다)

 사시사철 피면서 가장 아름다운 꽃은?

▶웃음 꽃◀

될때까지 하자! 끝까지 하자!!!

산 정상까지 오를 수 있는 사람은, 산 정상에 오를 때까지 등산을 포기하지 않았기 때문이다. 1등을 하는 선수는 1등을 할 때까지 1등을 포기하지 않았기 때문이다.

어느 임금이 12명의 현인들 불러들였다. "온 백성들이 행복하게 살 수 있는 방법을 찾아라!"고 명령했다. 1년 뒤 현인들은 12권의 책을 만들어 임금께 바쳤고, 이를 본 임금은 분량 때문에, 한 권으로... 한 페이지로... 결국 한 문장으로 만들게 했다. 비로소 만족한 임금은 현인들에게 후한 상을 내렸고, 그것을 온 백성에게 알렸다. 임금이 만족한 문장은 바로 [세상엔 공짜가 없다!]였다.

정말, 이 세상엔 공짜는 없다! 값을 치러야 한다! 될 때까지 하면 된다! 끝까지 하자!!!

○ 오른쪽의 유머엽서를 웃음이 필요한 고운님 손에 쥐어주세요!

송년 메세지

한국말이 미숙한 어느 외국인이 송년 메시지를 낭독하게 되었다.

친애하는 여러분! 오늘은 송년의 밤입니다.

이 밤이 지나면, 이 **년**은 가고 새 **년**이 옵니다.

새 **년**이라고 다 좋은 **년**은 아니겠지만 다가올 새 **년**을 맞이함에 있어, 갈 **년**을 보낼 몸과 마음의 준비가 있어야 합니다.

지나간 **년**을 돌이켜 보면, 여러 가지 꿈과 기대에 못 미친 **년**도 있었고, 어떤 **년**은 실망스럽고, 또 어떤 **년**은 나쁜 **년**도 있었습니다. 그러나 돌이켜 보면 다행스러운 것은, 참 재미있고 끝내주는 년도 있었다는 것입니다.

이제, 새 **년**은 어떤 **년**일까 하는 호기심과 기대도 있겠지요. 그러나 무엇보다 가장 중요한 것은 이**년** 저**년** 할 것 없이 모두가 우리에게 주어진 피할수 없는 **년**이란 것입니다.

여러분! 갈 **년**을 과감하게 정리하고, 다가올 새 **년**을 맞이하여 재미있게 웃으며 삽시다.

감사합니다!

 사시사철 피면서 가장 아름다운 꽃은?

POST CARD
우편엽서

받는사람

보내는사람

To.

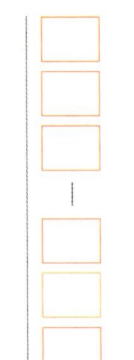

*유머퀴즈 정답은 보내이에게 물어보세요! [진짜유머] 중에서...

배달사고!

선물은 신도 설득시킨다.

필요할땐 빌려쓴다!
셀프이벤트!!

20여년 간의 현장 경험과 노하우를 바탕으로,
게임도구 개발 제작, 판매 및 대여!
레크리에이션 및 행사 대행
각종 인쇄 홍보물, 현수막, POP제작, 디자인등
전문가들의 집단입니다.

www.selfevent.com
상담문의. 02)2068-2088

유머 · FUN 강사 전승훈 사이트
www.hifun.co.kr

유머가 경쟁력이다!
유머가 경영전략이다!
재미있는 기업이 일류기업이다!

강의문의
02)2068-2355
011-282-5840

책이름	출판사	저자
가라사대 별곡	범조사	서정범
거덜 별곡	한나라	서정범
너덜 별곡	한나라	서정범
너스레 별곡	범조사	서정범
무녀 별곡	한나라	서정범
수수께끼 별곡	범조사	서정범
억억 별곡	한나라	서정범
우스개 별곡	범조사	서정범
익살 별곡	한나라	서정범
학원 별곡	범조사	서정범
허허 별곡	범조사	서정범
NG 없는 스피치여행	세훈	김주수
X세대 군바리	성하	윤동재
감성시대의 칼라마케팅	사민서각	김훈철 장영렬
거꾸로 달리는 한국의 운전문화	고려원	전국진
고금소총	대일	이조민속야담연구회
골때리는 유머	신서출판사	유머연구회
골목대장 아메리카	리수	박정철 오승환
공자가 죽어야 나라가 산다	바다	김경일
공자도 빠져버린 섹시유머	일송미디어	하이아트 기획실
김국진의 테마게임	한림미디어	
깔깔 유머 시리즈	나나	오경자
비즈니스 유머	지원북클럽	이지훈
사랑을 다루는 77가지 키워드	무크	키튼 장
깜짝 유머한마당	고려출판	유승자
끼리여행	일선	원용희
나도 말을 잘하고싶다	도담	이춘섭
나도 심심한데 대통령이나 돼 볼까	사랑과 사람	이철용
너 그거 아니?	문학 세계사	디비딕 닷컴
너 이거 알어? 1, 2	자작나무	최명희 옮김
노대통령의 조크	현대문화	장덕균
돈과 인생의 의미	고려원	이희재
딴지일보 1, 2, 3	자작나무	김어준

책이름	출판사	저자
마케팅 잘하는 사람 잘하는 회사	더난	이장우
말을 듣지 않는 남자 지도를 읽지 못하는 여자	가야넷	이종인 옮김
명구절을 찾습니다	앞선책	최명길
목사님 우리들의 목사님	서지원	백현락
묵찌빠 3행시	솔빛출판	편집부
미국폭소 319가지	자유문학사	김진욱
밤새지 마라 말이야	창공사	이성수
배꼽 뒤집어지는 유머	예가	김막동
차귀담 배워서 남주나	가교	장더균
베터라이프 베스드라이프	태웅출판	김종삼
북녘 신세대 x파일	한뜻	윤웅
사오정 시리즈	베스트북스	컬트개그연구회
상식의 오류사전 1, 2, 3	경당	박정미옮김
설득의 화술	서림문화사	서림능력개발자료실
성공의 화술	보성	한국화술연구회
세계유머	대아출판	이성각
세상에 믿어봐 헷갈리네 헷갈려	큰방	김병묵
세상을 거꾸로 보는 농담	정선문화사	이여명 엮음
셜록홈즈 정보테크닉	고려원미디어	이상우 정태원
시험에 안나오는 상식	모아	이원두
안녕하세요? 맹두팔 차장님	사람들	김경태
알쏭달쏭 수수께끼	솔빛출판	정명호
야한 유머 섹시한 유머 배꼽 빼는 유머 총집합	변인의 길	수선화기획
에로비안 나이트	함께	김재화
엔돌핀 만땅 1	신서출판	유머연구회
엔돌핀 만땅 2	〃	〃
엔돌핀 만땅 3	〃	〃
엔돌핀 유머 100배 즐기기	보성출판	편집부
여심 공략법	서림문화사	서림능력개발
영파워 가슴을 열어라	장락	기쁜 우리 토요일 제작팀
예스 남성클리닉	모아	서주일 유제명
이벤트보다 돈버는 장사는 없다	다미원	민병근 옮김

책이름	출판사	저자
이불 속에서 보는 책 1	출판시대	유머펀치
오늘도 나는 완천한 성을 꿈꾼다.	좋은 벗	이윤수
오늘의 의학 상식이야기	을지출판사	조범래 옮김
웃음 건강학	예영	김용운
웃음속에 담긴 지혜	여명	이효림
유머 경영	북라인	김희진 옮김
유머 랜드	예원사	꿈꿀권리
유머 사전	문학마을	최성호
유머 주식회사	고려문학사	편집부
유머 처세술	나나	김양배 옮김
유머 철학	평단문화사	편집부
유머기법 7가지	뜨인돌	김진배
유머로 재치 있게 말하는 사람이 무조건 뜬다	책이있는마을	김석준
유머를 밝히면 세상이 즐겁다	무한	박인욱
유머여행	예원사	꿈꿀권리
유머학	미래문화사	한얼 유머 동호회
유머화술	보성출판사	한국해학연구회
유머화술 95가지	무한	김진배
유머화술 업그레이드	엘맨	김진배
이 책이 세상에서 가장 야한 책 맞나요?	아이노	김재화
이디피에스로 애인 웃기기	예술시대	대단한 녀석들
이블 속에서 보는 책 2	출판시대	유머펀치
인체기행	지성사	권오길
일하지 않는 즐거움	중앙 M & B	최복선
자기계발 소프트	여민	유영주 옮김
재미있는 속담풀이	솔빛출판	정명호
재치 있는 말 한마디가 인생을 바꾼다	시아	이정환
조금만 비겁하면 인생이 즐겁다	가서원	전유성
조직을 이끄는 리더의 조건55가지	주변인의 길	강태규 옮김
죽어서도 웃는 돼지가 더 비싸다	명진출판	강제상
준비된 말이 성공을 부른다	가야미디어	
이정숙 중국 폭소 유머	보성출판	한국해학연구회
창의력 두 배 키우기	문공사	정창덕

책이름	출판사	저자
책속의 책 1	우리문화사	
폴 임 책속의 책 2	우리문화사	
폴 임 처세유머	우성출판	한국유머연구회
코미디 유머	고려문학사	편집부
크리스챤도 웃을 자유가 있다	쪽지	김형모
토탈유머	보성출판	한국해학연구회
패러디안 나이트	세림	강범준
펄떡이는 물고기처럼	한 언	유영만 옮김
폭소강단	서로사랑	박요한목사
프랑스폭소 280가지	자유문학사	김진욱엮음
하지 말라는 것은 다 재미있다	경당	전유성
학교에서는 가르쳐 주지 않는다	인북스	이규형
한 방에 날려버리는 유머	정민미디어	김승현
한국 유머	보성	한국해학연구회
한국 유머 1번지	고려문학사	장용환
한국을 웃긴 250가지 유머	삶과 지혜	김웅래 오진근
한국의 해학	이상비	우성
한국의 해학 1권 ~ 10권	청화출판	편집부
한국인 유머	보성	이주훈
한국인 유머	보성출판사	한국해학연구회
한국인의 해학	청음	장지하
한바탕 웃고 나면 아이디어가 샘솟는다	보성출판 21세기	한국화술연구회
화성남자 금성여자의 침실 가꾸기	친구미디어	김경숙 옮김
화성에서 온 남자 금성에서 온 여자	친구 미디어	김경숙 옮김
화장실에서 보는 유머	솔빛출판사	유머연구회
화장실에서 보는 책 1	그린비	화장실에서 독서를 즐기는 모임
화장실에서 보는 책 2	〃	화장실에서 독서를 즐기는 모임
화장실에서 보는 책 3	〃	화장실에서 독서를 즐기는 모임
화장실에서 보는 책 4	그린비	화장실에서 독서를 즐기는 모임
황당함, 야시시함, 엽기스러움이 숨쉬는 유머광장	주변의 길	편집부
휴게실에서 보는 섹시 유머	예지 미디어	유머연구회

그리고 인터넷을 통해, 필자와 만나 지면으로 태어난, 모든 유머와 상식들……

*

진짜유머!

*

초판1쇄 ― 2007년 10월 20일

*

엮은이 ― 전 승 훈
펴낸이 ― 채 주 희
펴낸곳 ― 해피&북스

*

서울시 마포구 망원동 379-41
출판등록 ― 제10-1562호(1985.10.29.)

*

TEL. ― (02) 323-4060
FAX. ― (02) 323-6416
e-mail ― elman1985@hanmail.net

*

잘못된 책은 바꾸어 드립니다.

*

값 13,000원

(상담 및 게임도구 렌탈, 구입시 연락처)
우 150-805
서울시 영등포구 양평동1가 131-2 인동빌딩 4층
☎ (02)2068-2088, 011-282-5840
www.hifun.co.kr   www.selfevent.com

표지 · 편집디자인 : ROOT DESIGN (Tel.2636-0787)

www.selfevent.com
www.hifun.co.kr

www.selfevent.com
www.hifun.co.kr

www.selfevent.com

www.hifun.co.kr